Monika Buschey

»Die Rosen deines Mundes«

Monika Buschey

»*Die Rosen deines Mundes*«

Berühmte Liebespaare und wie sie
sich kennenlernten

ARTEMIS & WINKLER

Für W.

Die Deutsche Bibliothek – CIP-Einheitsaufnahme

Buschey, Monika:
»Die Rosen deines Mundes« : Berühmte Liebespaare
und wie sie sich kennenlernten / Monika Buschey. - Düsseldorf ;
Zürich : Artemis und Winkler, 2000
ISBN 3-538-07096-2

© 1999 Artemis & Winkler Verlag, Düsseldorf/Zürich
2. Auflage 2000
Alle Rechte, einschließlich derjenigen des auszugsweisen Abdrucks sowie
der photomechanischen und elektronischen Wiedergabe, vorbehalten.
Umschlagmotiv: Ferdinand Hodler, Archiv für Kunst und Geschichte, Berlin
Umschlaggestaltung: CCG, Köln
Gesamtherstellung: Grafo S. A., Basauri
Printed in Spain
ISBN 3-538-07096-2

Inhalt

»Weiß ist Deine Seele, wie Dein Leib weiß ist«

LOTTE LENYA UND KURT WEILL

Das Theater am Kurfürstendamm, Herbst 1922. Eine junge Tänzerin aus Wien stellt sich vor – sie lebt seit über einem Jahr in Berlin, ohne eine richtige Arbeit gefunden zu haben. Gesucht werden Tänzer und Schauspieler für eine Ballett-pantomime: *Die Zaubernacht.* Als die Debütantin auf die Bühne gebeten wird, macht der Regisseur eine vage Bewegung in Richtung Orchestergraben. »Fräu-lein Lenya, darf ich Ihnen unseren Komponisten, Herrn Weill, vorstellen?« Lenya starrt ins Dunkel. »Wo ist er denn?« fragt sie. Von unten kommt eine leise Stimme: »Was darf ich für Sie spielen, Fräulein Lenya?« Sie fragt, ob er den Wal-zer *An der schönen blauen Donau* spielen könne. Wiederum sehr leise und dies-mal amüsiert antwortet die Stimme: »Ich glaube schon, Fräulein Lenya …« Sie sieht von dem Mann im Graben nicht viel mehr als einen Schatten, er von ihr – eine Frage der Perspektive – vor allem die Beine. Lotte Lenya wird für die *Zau-bernacht* nicht engagiert, und es ergibt sich somit zunächst keine Gelegenheit, den schüchternen Herrn im Schatten aus der Nähe zu besehen. Aber das Schick-sal sorgt für eine weitere Chance.

Knapp zwei Jahre später hat Kurt Weill eine Verabredung mit Georg Kaiser,

7

einem der erfolgreichsten deutschen Theaterautoren im theaterbesessenen Berlin. Weill ist in Kaisers Sommerhaus-Idylle nach Grünheide eingeladen, außerhalb der Stadt am Müllensee gelegen. Das Boot, das ihn hinübersetzen soll, wird von einer jungen Frau gerudert. Sie trägt damenhaft helle Riemchenschuhe und einen Strohhut, was sie nicht hindert, die Ruder so beherzt zu packen wie ein Kutscher die Zügel. Lotte Lenya genießt Gastrecht bei den Kaisers, und an jenem Spätsommertag hat man sie gebeten, einen Komponisten abzuholen. Erkennen werde sie ihn schon, gibt Kaiser ihr mit auf den Weg, er sehe genau so aus, wie Komponisten eben aussehen.

Dem scheuen jungen Mann aus Dessau muß die Lenya vorgekommen sein wie die Inkarnation all dessen, wovor Mütter Söhne warnen: Mehr Knäbin als Frau, hat sie das, was man Sex-Appeal nennt. Als Halbwüchsige ist sie dem prügelnden Vater entwischt und zu einer Tante nach Zürich gezogen. »Hübsch bist du nicht, Linnerl«, hatte die Mutter zum Abschied gesagt, »aber die Männer werden dich mögen ...« Die Erfahrung, daß man mit dem Verkaufen des eigenen Körpers Geld verdienen kann, hat sie da schon hinter sich. In Zürich nimmt sie Ballettunterricht. Sie lernt einen reichen Mann kennen, zieht zu ihm und brennt schließlich mit dem Schmuck, den er ihr schenkt, und einer Freundin nach Berlin durch. Als Georg Kaiser sich ihrer annimmt, ist sie 26 Jahre alt.

Kurt Julian Weill, Meisterschüler von Ferruccio Busoni, klein, vorsichtig und bescheiden, stammt aus gutbürgerlicher jüdischer Familie. Auch für ihn ist es nicht einfach, sich in der Großstadt über Wasser zu halten. Er arbeitet einerseits an seinen Kompositionen und andererseits als Organist in einer Synagoge und Klavierspieler in einer Kneipe.

Im Boot auf dem Müllensee, so erzählt Lenya später in einem Interview, habe ihr der Mann mit den dicken Brillengläsern, dem schon die Haare begannen auszugehen, spontan einen Heiratsantrag gemacht. Daraufhin sei man sich sehr viel nähergekommen als sonst in Ruderbooten üblich. Es kann als sicher gelten, daß die Initiative dabei von weiblicher Seite ausging, denn Lenyas Talent, Männern die Wonnen der Liebe schmackhaft zu machen, ist ausgeprägt. Jedenfalls, so viel ist verbürgt, fällt dem Komponisten im leidenschaftlichen Überschwang die Brille ins Wasser.

Am 28. Januar 1926 heiratet das Paar ein erstes Mal. Zwei Jahre darauf erleben beide an der Seite des Stückeschreibers Bert Brecht ihren größten Triumph: die Premiere der *Dreigroschenoper* im Theater am Schiffbauerdamm. Die schmissigen Songs, die Kurt Weill für das Erfolgsstück schreibt, begründen seinen Weltruhm, und Lotte Lenya in der Rolle der Seeräuber-Jenny wird über Nacht zum Star. »Sie singt hoch, leicht, gefährlich, kühl, mit dem Licht der Mondsichel«, schwärmt der Philosoph Ernst Bloch.

Der ernsthafte Weill, der oft tagelang ohne Unterbrechung über seinen Kompositionen brütet, entdeckt in der Verbindung zur Frau seines Herzens ganz neue Seiten an sich selbst:

Anfang bist Du und Ende, Offenbarung von oben und Rede des Kindes, Sonnenaufgang und Dämmerung des Abends… Weiß ist Deine Seele, wie Dein Leib weiß ist. Alle Schönheit der Wolken und der Erde sind auf Dir… Ich habe eine Bestimmung: in Dir unterzugehen, in Deinem Leben zu verschwinden, in Deinem Blute, Deinem Sein entgegen, zu ertrinken. Ich sehe mich in Dir – und zum ersten Mal ahne ich, was ich bin, da ich in Dir sein darf, wie das Bild im Quell… Nicht Paradies ist, was wir erwarten, sondern heißes, brennendes Leben.

Er habe nichts dagegen, ihr Lustknabe zu sein, ergänzt der verliebte Komponist, das sei mehr als ein Freund und weniger als ein Gatte…

Die *Münchner Illustrierte* macht im April 1929 eine Umfrage zum Thema Ehefrauen. Kurt Weill antwortet: »Sie ist eine miserable Hausfrau, aber eine sehr gute Schauspielerin. Sie kann keine Noten lesen, aber wenn sie singt, dann hören die Leute zu wie bei Caruso. (Übrigens kann mir jeder Komponist leid tun, dessen Frau Noten lesen kann.) Sie kümmert sich nicht um meine Arbeit (das ist einer ihrer größten Vorzüge). Aber sie wäre sehr böse, wenn ich mich nicht für ihre Arbeit interessieren würde. Sie hat stets einige Freunde, was sie damit begründet, daß sie sich mit Frauen so schlecht verträgt. (Vielleicht verträgt sie sich aber auch mit Frauen darum so schlecht, weil sie stets einige Freunde hat.) Sie hat mich geheiratet, weil sie gerne das Gruseln lernen wollte, und sie behauptet, dieser Wunsch sei ihr in ausreichendem Maße in Erfüllung gegangen. Meine Frau heißt Lotte Lenya.«

Wenig später – in Deutschland marschieren die Nazis – trennen sich ihre Wege. Zu viele erotische Eskapaden ihrerseits, und auch »das Weillchen«, wie Lenya ihn liebvoll nennt, huldigt nicht mehr allein seiner Musik: Er flüchtet in die Arme einer anderen Frau.

Zum Abschied für länger kommt es dennoch nicht. Zwar läßt man sich offiziell scheiden, findet aber in der Emigration wieder zueinander. Und als Lotte Lenya und Kurt Weill 1937, elf Jahre nach dem ersten Versuch, in Amerika ein zweites Mal heiraten, da ist es für immer. Die Eheringe erstehen sie bei Woolworth, sie kosten 50 Cent. Treu im bürgerlichen Sinn ist man sich auch diesmal nicht. Und doch ist eine große Nähe da – offensichtlich wächst die Liebe mit den Jahren noch. »Die Melodien, die ich erfinde«, sagt Kurt Weill, »höre ich immer in Lenyas Stimme.«

Im März 1950 erleidet er einen schweren Herzinfarkt und wird ins Lower-Fifth Avenue Hospital in Manhattan gebracht. Durch ein Sauerstoffzelt hindurch betrachtet Lenya sein fahles Gesicht. Er ist in Bewußtlosigkeit gefallen, erwacht aber wieder. Mit zwei Stoffen, *Huckleberry Finn* und *Moby Dick*, wolle er sich noch beschäftigen, flüstert Weill – sein Tribut an Amerika – »… und dann ruhe ich mich etwas aus.« Er scheint sich zu erholen, aber wenig später geht es ihm wieder schlechter. Am 3. April sieht Lenya mit Erstaunen viele Ärzte um sein Bett versammelt. Sie beschwören sie, nur wenige Minuten bei ihm zu bleiben, es strenge ihn zu sehr an. »Lenya«, fragt Kurt Weill seine Frau, »liebst du mich wirklich?« »Nur dich«, sagt sie. Den Druck ihrer Hand erwidert er nicht mehr, und sie spürt, wie Tränen in ihr hochsteigen.

Nach dem Tod ihres Mannes wird seine Witwe zur engagierten Verwalterin des Weillschen Erbes. Natürlich spielen andere Männer wieder eine Rolle für sie, aber Weills Musik bleibt für sie, die Notenunkundige, das zentrale Motiv ihres Lebens. Immer wieder singt sie in ihrer unnachahmlichen Art seine Songs, macht Filme und spielt Theater. Sie überlebt Kurt Weill um 31 Jahre und stirbt am 27. November 1981 in New York. Wie es sich für eine Seeräuber-Jenny gehört, sind ihre Fingernägel blutrot lackiert, und den Busen hat sie sich liften lassen, als sie schon über 80 war.

»Zwei Seelen und ein Leib«

KATHARINA VON BORA UND MARTIN LUTHER

Selten war der Schritt in die Ehe so gut vorbereitet wie in seinem Fall. »Wachset und mehret euch«, steht in seinem Traktat *Von ehelicher Liebe*, das er 1522 geschrieben hat, »das ist ein göttlich Werk, das nicht bei uns steht, zu verhindern oder zuzulassen, sondern es ist ebenso not, daß ich ein Mannsbild sei, und nötiger denn essen und trinken, schlafen und wachen. Es ist eine eingepflanzte Natur und Art, ebensowohl als die Gliedmaßen, die dazugehören.«

Zu dem Zeitpunkt denkt er noch nicht daran, daß auch für ihn selber gelten könnte, was er da schreibt. Noch sieht er sich als Mönch, noch steckt ihm das Keuschheitsgelübte in den Knochen. Außerdem hat er im Umgang mit Frauen nicht viel Übung, fürchtet überdies, im Ehebett das Gebet zu vergessen, und ist im großen und ganzen über das Alter hinaus, wo einem in Liebesangelegenheiten die Pferde durchgehen. Seine Leidenschaft gehört dem Kampf um das, was er für wahr erkennt.

Doktor Martin Luther ist über 40 Jahre alt, da lehrt ihn sein Gott, daß er zu früh mit dem Kapitel Ehe abgeschlossen hat. Daß es außer der Theorie noch eine Praxis gibt, und letztere auch für ihn, den ehemaligen Mönch, von Belang ist.

Aus dem Blick einer Nonne ausgerechnet leuchtet ihm eine bisher unbekannte Wahrheit entgegen.

Zusammen mit elf Mitschwestern ist Katharina von Bora 1523 aus dem Kloster Mariathron bei Nimbschen geflohen. In der Osternacht. Der Ratsherr Leonard Koppe aus Torgau, der auch Fisch- und Bierlieferant für das Kloster war, ging das Wagnis ein und transportierte die Jungfrauen unter der Plane seines Wagens in den leeren Holzfässern, die vorher Heringe enthalten hatten. Er riskierte Leib und Leben. Wer Mönchen und Nonnen zur Flucht verhalf, mußte wegen Landfriedensbruch mit der Todesstrafe rechnen. Nicht viel besser erging es den Flüchtenden, wenn sie erwischt wurden.

Es waren die Worte und Schriften eines Professors für Bibelerklärung an der Universität zu Wittenberg, Doktor Martin Luther, die die Schwestern dermaßen elektrisiert hatte, daß sie sich in so große Gefahr begaben. Der Professor predigte in deutscher Sprache und verkündigte, jeder Gläubige könne sein eigener Priester sein. Die bestehenden Gesetze würden die Menschen nur knechten, statt sie zu erlösen. Eine ketzerische Lehre sei es, die dieser Luther vertrete, hieß es in den Kreisen der Rechtgläubigen. In ein anschauliches Bild gefaßt: Wer an den Papst glaube, ruhe auf Samt, wer an Luther glaube, sitze auf einem Pulverfaß.

Einfach wird es nicht gewesen sein, den Samt zu verschmähen und das Pulverfaß zu wählen. Katharina jedoch rang sich zu der Ungeheuerlichkeit durch, die Gehorsamszweifel, die an ihr nagten, zu überwinden und mit dem Professor in Wittenberg Kontakt aufzunehmen.

Zwölf abtrünnige Klosterfrauen seien zu ihm gekommen, schreibt Luther an den Hofkaplan Spalatin nach Erfurt, »und mich jammert ihrer sehr.« Drei kommen bei ihren Familien unter, die verbliebenen neun hat der Professor jetzt am Hals. Der Junggeselle Martin Luther wird zum erfolgreichen Heiratsvermittler.

14

Ein Jahr geht ins Land, da sind acht der »geistlichen Nymphlein«, wie die Leute sie spöttisch nennen, in den heiligen Stand der Ehe getreten. Nur mit einer gibt es Probleme. Von Anfang an ist sie ihm als die merkwürdigste erschienen. Er hat sie im Haus des Stadtschreibers Reichenbach untergebracht, aber auf die Dauer kann sie da nicht bleiben. Zum Glück hat er noch einen Pfarrer aus Orlamünde an der Hand, der wäre froh um ein wackeres Weib.

Aber was entgegnet Katharina? Sie wolle ihn unter keinen Umständen, den Herrn Pfarrer, vielen Dank. Professor Luther ist entsetzt über so viel Eigensinn bei der sächsischen Zisterzienserin. Sie entgegnet ihm – mit niedergeschlagenen Augen zwar, aber doch erstaunlich schlagfertig –, daß die Zeit blinden Gehorsams für sie vorbei sei. Ein für allemal. Und daß sie doch wohl dächte, das könne dem Herrn Professor nur wohlgefällig sein. Sei er es doch gewesen, der das Nachdenken über Gott und Welt und Mensch und Glauben bei ihr so recht in Gang gesetzt habe.

Martin Luther schüttelt den Kopf und tut entgeistert. Tatsächlich lächelt er in sich hinein. Er wundert sich über sich selbst, hat nicht die richtigen Begriffe parat für das, was in ihm vorgeht, er, der Wortgewaltige. Jedenfalls erwärmt es sein Herz, wenn er sie sieht, und sei es, weil sie so drollig aussieht in den Sachen der Frau Reichenbach: Die Ärmel muß sie krämpeln, das Mieder füllt sie dafür um so praller aus. Die zu großen Schuhe geben ihrem Gang einen Nachdruck, der sie noch energischer erscheinen läßt, also sie ohnehin schon ist.

Manchmal verirren sich seine Gedanken zu ihr, wenn er im Studierzimmer sitzt. Und weil er dergleichen Ablenkung nicht gewöhnt ist, fühlt er sich wie ertappt. Was ist nur los mit ihm? Hatte ihm nicht schon die überaus zarte Ave von Schönfeld gefallen, eine andere von den zwölf Jungfrauen? Für sie fand sich ein Medicus im Ostpreußischen als Ehemann, da mußte der Professor zurückstehen.

Die Bora dagegen, die ihre Worte so geschickt zu setzen und ein Mieder so gut zu tragen weiß, ist noch immer frei.

Wenn Katharina an Martin denkt, dann an seine schwarzen Augen. An schwarze Augen hat sie schon gedacht, als sie ihn noch gar nicht kannte. Im Klostergarten, wo es am ungefährlichsten war, las sie die Gedanken des berühmten Mannes aus Wittenberg und stellte ihn sich dunkeläugig vor, mit hitzigem Temperament und mit einer warmen, dunklen Stimme, die ein Kirchenschiff aufs angenehmste zu füllen vermag. In Katharinas Herz und Sinn gibt es ein Bild von

ihm, ein von Ehrfurcht geprägtes, bevor sie ihn leibhaftig vor sich sieht.

Als sie sich gegenüberstehen, ist ihr, als täte sich ein breiter Weg auf in ihrem Inneren, der dort lange schon angelegt war. Noch versteht sie sich nicht darauf, ihn zu beschreiten. Und das nicht, weil sie während der Flucht einen Schuh verloren hat.

So sind sie beide zunächst weit davon entfernt, die Melodie zu erkennen, die ihnen den Sinn betört. Luther führt sogar noch einen weiteren Freier für die sächsische Nonne ins Feld, seinen Schüler Hieronymus Baumgärtner. Der findet tatsächlich Gefallen an ihr und – o Wunder – sie auch an ihm. Aber er, der Patriziersohn aus Nürnberg, kann seine Familie nicht davon überzeugen, eine Braut ohne jede Mitgift heimzuführen.

Nun ist es wohl doch so etwas wie ein Fingerzeig des Himmels: Katharina von Bora bleibt erst einmal in Wittenberg. Es soll nicht anders sein. Vorübergehend wachsen dem Professor andere Sorgen und Verpflichtungen über den Kopf. Die Bauern, die Fürsten, die Korrespondenz. Außerdem sind Vorlesungen und Predigten vorzubereiten, nicht zu vergessen sein Lieblingskind, die Bibelübersetzung.

Manchmal weiß er nicht, wie er an einem Tag schaffen soll, was doch geschafft werden sollte. Da überrascht ihn sein Freund Nikolaus Amsdorf mit einer Botschaft von jener Nonne, die nicht an den Mann zu bringen ist. Ihn würde sie heiraten, läßt sie ausrichten, ihn allein, und wenn er sich entschließen könnte, sie zu seiner Gemahlin zu machen, dann sollte es sein Schaden nicht sein.

Vor Überraschung wird Luther die Luft weggeblieben sein. Den Freund läßt er ohne Antwort. Kurze Zeit gärt es in ihm, und dann will es ihm scheinen, als sei das Ja zur Ehe das fällige Ja zu Gottes Ordnung selbst. Hat er den Ehestand nicht immer schon als heilig gepriesen und seine vielen Vorteile hervorgehoben? Sich nun selbst zu verheiraten, Vorbild zu sein auch in dieser Hinsicht, kommt ihm als die entscheidende, geradezu unvermeidliche Konsequenz vor. Zudem will er seinem Vater, der binnen kurzer Frist zwei seiner Kinder verlor, ein gehorsamer Sohn sein: Er sähe es nur zu gern, daß Martin heiratete und den Familiennamen weitergäbe.

Ein bibelkundiger Freier tut sich leicht. »Es ist nicht gut, daß der Mensch allein sei«, bietet sich an, wenn man um eine Frau werben und ein passendes Zitat im Munde führen will. Katharina lächelt und genießt es, daß der Blick aus schwarzen Augen so lange auf ihr ruht wie noch nie. Sie gibt ihm ihr Ja-Wort. Und dann sprechen sie über praktische Dinge.

In den schmalen Eheringen findet sich das eingravierte Hochzeitsdatum: 13. Juni 1525. Katharina, 26 Jahre alt, trägt zum würdigen Anlaß ein Kleid, das wunderbar zu ihr paßt. Lucas Cranach hat sie darin gemalt. Sanft umschmeichelt es sie. Burgenhagen, Martins Freund und Mitstreiter, nennt sie eine Kaiserin:

»Kaiserin Katharina«. Nach der Trauung findet das Hochzeitsessen statt: Fasa-
nen, Enten, Tauben, Bier und Wein. Ein üppiges Mahl.

Wie die Chronik weiter berichtet, geleitet man das Paar in die Brautkammer,
und zwei Zeugen warten ab, ob das Beilager auch vollzogen wird, »auf daß der
Mann und das Weib zwei Seelen werden und ein Leib«, wie Luther sagt. Trau-
zeuge Justus Jonas kann sich ob all der Innigkeiten des feierlichen Tages der
Tränen nicht erwehren. Mönch und Nonne, endgültig verwandelt nunmehr und
einem anderen Versprechen verpflichtet, dürfen erleben, daß sich alles, was der
Herr in seiner Weisheit vorgesehen hat, ganz wunderbar fügt.

Für Martinus heben die wonnigen Zeiten an, wo er beim Erwachen neben sich
im Bett – wo sonst nichts war! – zwei Zöpfe erblicken darf, und bald schon wird
es ihm klar:

Ich wollte meine Käthe nicht um ganz Frankreich und Venedig mehr hergeben,
darum weil Gott sie mir geschenkt und mich ihr gegeben hat.

»Liebchen«, nennt er sie, »meine herzliche Käthe«, »meine Rippe«, »meine
sorgfältige Frau«, »meine Richterin«, »Herr Kät!«, »mein Morgenstern zu Wittenberg«!

Sie hat indes einiges durchzustehen, die Lutherin, so herzlich ihr Martin sie
auch umfängt und ihr Ehrentitel gibt. Aller Blicke richten sich auf sie, denn die
Frau eines so Umstrittenen, wie es Luther ist, muß es sich gefallen lassen, ebenfalls das Ziel von Angriffen zu sein. Wölbt sich nicht schon ihr Leib, kaum daß
der Hochzeitstag verstrichen ist? Haben sie sich niedrigen Gelüsten hingegeben
vor der Zeit? Hat sie ihn listenreich verführt, oder er sie mit arger Absicht in sein
Bett gelockt, Wasser predigend und Wein trinkend?

Schlimmes erzählt man sich: Wenn der ehemalige Mönch und die frühere
Nonne überhaupt Kinder bekämen, dann müßten es Mißgeburten sein, Teu-

felswesen, Monstren, die sichtbare Strafe für die Vergehen ihrer Eltern. Skeptische Blicke muß sich Katharina gefallen lassen, wo sie geht und steht. Wütend macht die allgemeine Mißgunst sie, eher wütend jedenfalls als traurig.

Ihre Energien befördert es noch. Denn Tatkraft und wahre Schaffenslust brechen sich Bahn bei ihr, wie sie es selbst kaum für möglich gehalten haben wird. Das ganze Schwarze Kloster, das sie mit Martin bewohnt, baut sie um. Das ist dringend nötig, denn der riesige Kasten ist schon halb verfallen. Den Professor hat das wenig gestört, auch die feuchten Wände nicht und die Invasion von Mäusen im Erdgeschoß. Katharina schafft Ordnung. Sie läßt Öfen setzen, einen Brunnen bauen, neue Wände einziehen und alte einreißen. Sie legt einen Garten an mit allem, was der Haushalt braucht, und er braucht viel.

Besuch von überall her bekommt der gelehrte Mann, da gilt es, aufzutischen und einzuschenken. Giordano Bruno, ein weiser Mann aus Italien, begeistert sich: »Italiener, Franzosen, Spanier, Portugiesen, Briten und Schotten, aber auch Polen, Ungarn, ja, vom Balkan und vom Kaukasus kommen sie, weil hier die Weisheit sich ein Haus gebaut und der Tisch gedeckt ist zum Mahl ...«

Dabei ist das Geld immer knapp. Martin Luther interessiert sich nicht dafür, und dieses Desinteresse ist chronisch. Er hat schon immer ein asketisches Leben geführt: »Ich habe Tuchs genug, aber eine neue Hose mag ich mir nicht nähen lassen; die alte habe ich selbst schon viermal geflickt ...« Das war vor Käthes Zeit.

Als seine Frau begreift sie schnell, daß es in dieser Ehe wichtig ist, nicht mehr als irgend nötig vom Geld abhängig zu sein, das er ihr gibt. Sie schafft Tiere an,

Schweine, eine Kuh, Federvieh. Sie legt einen Weinberg an. Das Bier braut sie selbst. Morgens um vier steht sie auf – der Morgenstern zu Wittenberg! –, mindestens zwölf Stunden hat ihr Tag:

Ich muß mich in sieben Teile zerlegen, an sieben Orten zugleich sein und siebenerlei Ämter verwalten. Ich bin erstens Ackerbürgerin, zweitens Bäuerin, drittens Köchin, viertens Kuhmagd, fünftens Gärtnerin, sechstens Winzerin und Almosengeberin an alle Bettler in Wittenberg, siebenstens aber bin ich die Doktorissa, die sich ihres berühmten Gatten würdig zeigen und mit 200 Gulden Jahresgehalt viele Gäste bewirten soll.

Martin, den sie klapperdürr in eheliche Pflege nimmt, wird wohlbeleibt und weiß die Tafelfreuden sehr zu schätzen: »Nichts Liebres gibt's auf Erden als frommer Frauen Liebe, Amen.« Seinem Freund Spalatin schreibt Luther: »Komm und sieh, ich werde dich mit Lilien und Rosen bekränzen.« Blumen gibt es nämlich auch in Katharinas Garten, und nicht selten wird er aus seiner Studierstube zu ihr hinabgestiegen sein, um mit ihr zusammen den Duft des Jasmins einzuatmen oder sich am blühenden Apfelbaum zu erfreuen. »Meine Katharina macht aus diesem verrotteten Kloster ein Paradies auf dieser dunklen Erd.«

Sechs Kinder bringt Katharina zur Welt, wohlgestaltet allesamt, und immerhin vier davon erleben das Erwachsenenalter. Ihr Mann legt sein Bibelwerk »seiner gnädigen Frowen zu Händen und Füßen.« Sie liest, wenn sie Zeit hat. Nicht allzu oft also.

Luther nimmt es nicht krumm. Er ist ein guter Ehemann, der die Arbeit seiner Frau zu schätzen weiß und sie an seiner teilhaben läßt. Ein guter Vater ist er offenbar auch. Nie schlägt er seine Kinder, und von einer Reise bringt er ihnen immer etwas mit. Als ein Jahr nach der Hochzeit das erste Kind geboren wird, ein Sohn, teilt Martin die näheren Umstände allenthalben freudig mit. »Meine Ka-

20

tharina erfüllt nun wirklich das Wort der Genesis«, schreibt er in einem Brief, »du wirst viel Schmerzen haben, wenn du schwanger wirst …« Und in väterlichem Stolz: »Das Kind ist gesund und ohne Geburtsfehler, der kleine Johannes ist fröhlich und kräftig, ein großer Esser und Trinker.«

Als das zweite Kind, die kleine Elisabeth, stirbt, sind beide Eltern tief getroffen. »Welch bekümmert Herz hat mir das Kind zurückgelassen«, schreibt der Vater, »ach, wie mich der Jammer bewegt.« Pünktlich neun Monate später wird die nächste Tochter geboren, das Lenchen, und als sie mit 14 Jahren ebenfalls stirbt, sind beide Eltern außer sich vor Schmerz.

»Die Macht der Liebe aber ist so groß«, schreibt Martin, »daß wir es ohne Schluchzen und Wehklagen, ja ohne großes Absterben nicht ertragen können … Tief im Herzen haftet der Blick, die Worte und Gebärden der lebenden und sterbenden Tochter.« Er wisse wohl, sagt Luther auf der Beerdigung des heißgeliebten Lenchens, daß die Entschlafene in Frieden ruhe, und doch, er sei zu Tode betrübt. Er fällt auf die Knie, der Doktor Luther, und er weint.

In seiner letzten Stunde, am 18. Februar 1546, ist Luther in Eisleben, fern von Katharina. Der Tod trifft ihn nicht unerwartet. Er ist 63 Jahre alt, ein kranker Mann. Sein Hab und Gut vermacht er seiner Frau, der »treuen Hausfrau Katherin«, welche ihn »als fromm ehelich Gemahl allzeit lieb, wert und schön gehalten.« Die Lutherin, schreibt Katharinas Schwägerin, habe nach Martins Tod »vor Trauer weder essen noch trinken, auch nicht schlafen und vor Leid und Weinen weder reden und schreiben können.« Knapp 19 Jahre haben sie miteinander im Schwarzen Kloster zu Wittenberg verbracht.

Als Witwe hat sie mehr Zeit zum Lesen als in jungen Jahren. Vielleicht liest sie, was Martin Luther über die Liebe sagt: »Es gibt drei Arten von Liebe, falsche, natürliche und eheliche Liebe. Falsche Liebe sucht das Ihre, wie man Geld, Gut,

Ehre und Weiber außer der Ehe wider Gottes Gebot liebt. Natürliche Liebe ist zwischen Vater und Kind, Brüdern und Schwestern, Freunden und Schwägern. Aber sie alle übertrifft die eheliche Liebe, das ist eine Brautliebe. Sie brennt wie das Feuer und sucht nichts anderes als das eheliche Gemahl. Sie spricht: Ich will nicht das Deine, ich will weder Gold noch Silber, weder dies noch das, ich will dich selbst haben, ich will dich ganz oder nichts haben. Alle andre Liebe sucht etwas andres, diese allein will den Geliebten eigen ganz selbst haben.«

»Ich habe in ihr das Geheimnis und die Schönheit des Lebens geliebt«

NORA BARNACLE UND JAMES JOYCE

Zum Glück heißt sie Nora, die junge Frau auf der Nassau Street in Dublin, die am 10. Juni 1904 dem Dichter James Joyce begegnet. Nora – das ist ein Name, der ihn an ein Stück seines Idols Henrik Ibsen erinnert, den nordischen Dramatiker, über dessen Arbeit Joyce mit 18 Jahren in einer angesehenen Londoner Zeitung einen Artikel veröffentlicht hat. In Irland kommt der Name nicht häufig vor, um so mehr entzückt es den Dichter, daß jene Frau ihn trägt, die der Zufall ihm schickt und deren rotbraunes Haar im Sonnenlicht glänzt wie eine polierte Kastanie.

Sie sieht einen überaus schlanken jungen Mann, kaum größer als sie selbst, mit blauen, unsteten Augen. Er habe einen weißen Sombrero getragen und einen langen Umhang, erzählt Nora ihrer Schwester. Seltsam streng sei er gewesen. »Das Glück«, sagt Joyce, »verschafft mir, was ich brauche. Ich bin ein Mensch, der vor sich hin stolpert; mein Fuß stößt gegen irgend etwas, ich bücke mich, und es ist genau das, was ich will.«

Daß es Nora Barnacle ist, die er will, weiß er schon bei der ersten Begegnung, und sie will ihn auch. Dabei kann man nicht einmal sagen, daß es sich von seiner

23

Seite aus um Liebe auf den ersten Blick handelt, denn James Joyce ist stark kurz-sichtig, und an diesem Tag ausgerechnet hat er seine Brille vergessen. Von Nora sieht er nicht viel mehr als ihre Figur in groben Umrissen und ihre schwingen-den Arme – »schlendernd« ist eines seiner Lieblingswörter, wenn er sie be-schreibt. Er bemerkt ihren stolzen Gang, daß sie groß ist und man ihre Hüft-bewegungen unter dem Rock erkennen kann.

Er spricht sie an. Sie antwortet ihm schnippisch – was ihm gefällt – und bleibt stehen, so daß ein Gespräch möglich wird. Man verabredet sich, aber Nora kommt nicht. Wahrscheinlich hat ihr das Hotel, in dem sie arbeitet, nicht frei ge-geben.

Ich bin vielleicht blind, ich betrachtete lange Zeit einen Kopf mit rötlich-braunem Haar und stellte dann fest, daß es der Ihre nicht war. Ich ging recht niedergeschla-gen nach Hause. Ich würde gern ein neues Treffen vorschlagen, aber vielleicht paßt es Ihnen nicht. Ich hoffe, Sie sind so freundlich mir eines vorzuschlagen – falls Sie mich nicht vergessen haben!

Der Tag ihres ersten Rendezvous ist vermutlich der 16. Juni. Joyce-Fans wissen Bescheid: Bloomsday, der Tag, an dem Joyce ein paar Jahre später seinen Helden Leopold Bloom auf die Reise schickt: durch Dublin, durch Zeiten und Welten. »Ulysses«, sein berühmtestes Buch, handelt davon.

Der erste Spaziergang des frischverliebten Paares – er ist 22, sie 20 Jahre alt – führt an den Docks vorbei in den Hafen, in den Teil der Stadt, der abends men-schenleer ist. Die Anziehung zwischen Nora und Jim, wie sie ihn später nennt, ist sofort sehr stark, und aus der Verlegenheit, wie in die Tat umzusetzen sei, wo-nach es ihn drängt, hilft sie ihm souverän hinweg.

Zwar ist sie katholisch erzogen, doch Nora hat sich für alles, was ins erotische Magnetfeld gehört, eine Unbefangenheit und Offenheit bewahrt, die den Dich-

24

ter fasziniert und die er bei einer Frau, die keine Prostituierte ist, nimmermehr erwartet hätte.

An diesem Abend muß sie um halb elf Uhr wieder im Hotel sein, die Zeit ist

knapp. Also tut sie, was zu tun ihr richtig erscheint: Sie knöpft ihm die Hose auf, sie beweist ihm, wie zärtlich und geschickt sie ist. Es sei Nora gewesen, berichtet der solchermaßen Beglückte, die ihn »zum Mann gemacht« habe. Erst Jahre später kommt ihm der furchtbare Verdacht, daß sie ihre Geschicklichkeit irgendwann vorher schon an einem anderen Objekt erprobt haben muß.

Im Sommer 1904 jedoch freut sich Joyce der Gegebenheiten, wie sie sind. Nur ihr festgeschnürtes Mieder mag er nicht:

Bitte, laß den Brustpanzer zu Hause, ich umarme nicht gerne einen Briefkasten…

Oder eine Woche später – sie sehen sich fast täglich und schreiben sich ebenso oft:

…Vermöge der apostolischen Kräfte, mir von Seiner Heiligkeit Papst Pius

25

dem Zehnten verliehen, gebe ich hiermit die Erlaubnis, ohne Unterröcke zu kommen, um den Päpstlichen Segen zu empfangen, den ich Dir mit Freude erteilen werde...

Wenn sie schreibt, dann meist in großer Eile wenige Zeilen ohne alle Satzzeichen. Immer ist es spät in der Nacht, ehe sie zum Schreiben kommt, immer ist sie zum Umfallen müde, und die Buchstaben tanzen ihr vor den Augen. Um so mehr irritiert den Empfänger eines Tages ihre Weitschweifigkeit:

»Mein Liebster, die Einsamkeit, die ich so tief empfand, seit wir uns gestern abend trennten, schien sich wie durch einen Zauber zu verflüchtigen, aber, ach, nur für kurze Zeit, und dann wurde sie schlimmer denn je... Mir ist, als sei ich immer und unter allen nur möglichen Umständen in Deiner Gesellschaft, spräche mit Dir, ginge mit Dir, träfe Dich plötzlich an verschiedenen Orten, bis ich mich zu fragen beginne, ob mein Geist meinen Körper im Schlaf verläßt, um Dich zu suchen, und was mehr ist, Dich zu finden, oder vielleicht ist dies alles nur Phantasie. Gelegentlich versinke ich in Melancholie, die den Tag über anhält und die zu vertreiben mir fast unmöglich ist. Es ist jetzt an der Zeit, glaube ich, diesen Brief zu beenden ... ich schließe also in Liebe und mit den besten Wünschen, glaube mir, ich bin immer die Deine, Deine Nora Barnacle.«

Jim sagt es Nora auf den Kopf zu, daß sie diesen Brief auf geblümtem Papier nicht allein formuliert, sondern einen sogenannten Briefsteller zur Hilfe genommen hat. Sie erklärt sich bereit, künftig wieder so zu schreiben, wie es ihr entspricht:

Lieber Jim, Ich erhielt Deinen Brief den ich erwidere vielen Dank ich hoffe Du bist nicht naß geworden falls du heute in der Stadt warst wir treffen uns also morgen abend 8.15 hoffentlich ist es dann schön ich fühle mich seit gestern abend viel besser aber fühle mich heute ein bißchen einsam weil es so naß ist ich habe den ganzen

Tag Deinen Brief gelesen da ich nichts anderes zu tun hatte ich las diesen langen Brief wieder und wieder … – vielleicht kannst Du mir helfen ihn zu verstehen nicht mehr im Augenblick von Deinem Dich liebenden Mädchen NORA.

Am 8. Oktober desselben Jahres schließlich, man kennt sich gerade vier Monate, besteigt Nora Barnacle mit James Joyce ein Passagierschiff, das die beiden nach London bringt, zur ersten Station einer abenteuerlichen Odyssee. Sie hat sich von niemandem verabschiedet, weder ihrer Familie noch ihrem Chef im Hotel Bescheid gesagt. Sie brennt mit dem Dichter durch. Joyce hatte ihr kurz vor der gemeinsamen Flucht noch einmal genau auseinandergesetzt, was von ihm zu halten ist:

Mein Denken lehnt die soziale Ordnung und das Christentum ab – das Elternhaus, die anerkannten Tugenden, Klassenunterschiede und religiöse Doktrinen … Ich kann mich der Gesellschaft nicht zuordnen – außer als Vagabund. Ich führe einen offenen Krieg durch alles, was ich schreibe, und sage und tue. Die gegenwärtigen Schwierigkeiten meines Lebens sind unglaublich, aber ich verachte sie …

Natürlich hat sie sich so etwas wie eine Liebeserklärung erhofft. Einen Hauch von dem wenigstens, was sie sich früher in der Schule zusammen mit ihren Freundinnen ausgedacht hat. Unbedingt gehörten die Wörter »Liebe« und »Treue« in das Bekenntnis hinein, das die Mädchen von einem Mann, der es ernst meint, erwarteten. Darin waren sich alle einig. Auch Formulierungen wie »… für immer bei dir bleiben …« oder doch wenigstens »… deine lieben Hände für alle Zeit in meine nehmen …« hatten sie sich mit 14 erträumt.

Nora trägt die Briefe, die Jim ihr kurz vor dem gemeinsamen Abschied von zu Hause geschrieben hat, in ihrer Handtasche mit sich, und stellenweise weiß sie sie auswendig. Von Liebe und Treue steht da nicht viel, jedenfalls nicht in dieser Deutlichkeit. Dafür kommen die Wörter »Freude« und »Stolz« darin vor, und das, findet Nora, hat auch Gewicht. *Bist du sicher, daß du dir keine falschen Vorstellungen von mir machst? Denke daran, daß ich dir auf jede Frage, die du mir stellst, offen und ehrlich antworten werde. Auch wenn du nichts zu fragen hast, werde ich dich verstehen. Daß du dich dazu entscheiden kannst, in dieser Weise in meinem Leben, das vom Hazard bestimmt ist, neben mir zu stehen, erfüllt mich wirklich mit Stolz und Freude.*

Selbstverständlich lehnt der junge Mann mit den abgewetzten Tennisschuhen, der sich als einziger um diese Zeit bereits für ein Genie hält, auch die Ehe rundheraus ab. Finanzielle Sicherheiten bietet er ihr nicht, dafür entwickelt er mit den Jahren eine innige Liebe zum Alkohol. Dennoch folgt ihm Nora stets erhobenen Hauptes und selbstbewußt. Keineswegs macht ihre Liebe sie zur Märtyrerin. Sie hat einen spöttischen Blick und eine scharfe Zunge, und wenn sie ihm auch keine intellektuelle Gefährtin im akademischen Sinne ist, so hat sie doch Witz und Verstand, und sie sagt ihm, wenn nötig, die Meinung und weiß ihn mit ironischen Bemerkungen zu amüsieren. »Sie sagt einem die schlimmsten Wahrheiten«, berichtet der irische Dichter Samuel Beckett über sie, »und man kann darüber lachen.«

Was umgekehrt Nora an Jim so aufregend findet, ist schwerer zu ermitteln: Die Tatsache, daß er Schriftsteller ist, imponiert ihr jedenfalls nicht. Dafür liebt sie seine herrliche Tenorstimme, die wasserblauen Augen, seine konzentrierte Kauzigkeit, seinen sehr speziellen Charme, seine gewölbte Stirn und seine Hilflosigkeit.

Nach Triest, nach Zürich, nach Rom und Paris führt die gemeinsame Lebensreise. Für beide nicht leicht, aber für Nora, die sich immer wieder in Länder verschlagen sieht, deren Sprache sie nicht spricht, eine zusätzliche Prüfung. Zeitweise hat sie eine solche Abneigung gegen italienisches Essen, daß sie kaum etwas davon bei sich behalten kann. Immer im August, wenn die Hitze von Tag

28

zu Tag größer wird, träumt sie von der typischen irischen Kühle nach einem Regenschauer und – für sie der Inbegriff von Heimat – von einem Kessel mit heißem Wasser, der leise schwankend am Haken über dem Feuer hängt.

Joyce ist viel beschäftigt. Er arbeitet als Sprachlehrer, einmal auch in einer Bank, und sozusagen nebenher entsteht sein schriftstellerisches Werk, auf dessen Erfolg er lange warten muß. Außerdem hat er Probleme mit den Augen und mit dem Magen, und wenn sie wieder einmal in eine neue Stadt gezogen sind oder die Wohnung wechseln müssen – was oft geschieht –, sieht sich Nora als erstes die Kneipen in der Umgebung an, damit sie weiß, wo sie ihren Jim zu suchen hat.

Zwei Kinder kommen zur Welt – Lucia und Giorgio –, ständig ist das Geld knapp, und immer lebt Familie Joyce über die Verhältnisse. Sparen können sie beide nicht. Was da ist, wird ausgegeben. Man kleidet sich kostbar, die besten Hüte, Stoffe, Pelze und Spitzen müssen her, man speist exquisit, auch dann, wenn man nicht weiß, woher man die Miete für den nächsten Monat nehmen soll. »Man sagt, sie hätten kein Geld«, schreibt Ernest Hemingway, der amerikanische Kollege, neidvoll, nachdem er Jim und Nora wiederholt in einem sehr guten Pariser Restaurant gesehen hat, »dabei findet man die ganze keltische Crew jeden Abend bei Michaud's, das wir uns nur einmal in der Woche leisten können …«

Nora hält ihrem Jim in besseren wie in schlechten Zeiten die Treue, sie stabilisiert und inspiriert das empfindliche Genie. Schon als sie noch in Irland waren, hatte er ihr geschrieben:

Wenn ich bei Dir bin, lege ich mein Mißtrauen und meine Verachtung ab.

Sie erzählt ihm ihre Träume und Kindheitserinnerungen und schüttet immer wieder ihre Gedankenflut über ihn aus. Er wird nicht müde, ihr zuzuhören: Schreibend webt er ihre Geschichten in seine hinein.

Ich habe in ihr das Bild der Schönheit der Welt geliebt, das Geheimnis und die Schönheit des Lebens selbst.

Als Joyce im Januar 1941 in Zürich stirbt, sieht Nora ihn im Sarg liegen und empfindet noch immer, was sie seit 37 Jahren fühlt: »Oh, Jim«, flüstert sie, »wie schön du bist!«

»Du bist Leben, Liebe bist Du«

NURIA SCHOENBERG UND LUIGI NONO

Eine der kleinen Kirchen von Venedig, eine von denen, die nicht im Zentrum touristischer Aufmerksamkeit stehen. Sommerhitze. Ein Tag, an dem man kein Verlangen danach hat, eine Kerze anzuzünden. Aber heute findet hier eine Hochzeit statt, und eine Hochzeit ohne Kerzen, das wäre wie eine Beichte ohne Absolution, wie ein Gewitter ohne Donner, eine Speise ohne Salz, oder eine Rose ohne Duft, oder wie … Während er noch nach weiteren Vergleichen sucht – denn Vergleichesuchen ist seine Leidenschaft –, zündet der Küster die Altarkerzen an.

Der Organist wird nicht kommen. Musik ist nicht bestellt. Schon eigenartig, sagt sich der Küster. Ein junges Paar und so eine spartanische Hochzeit. Keine Musik, keine Blumen. Kein Kinderchor. Obwohl der Bräutigam Komponist sein soll. Einfach nur die Zeremonie und sonst nichts. Dabei soll es doch ein Tag sein, an den man gerne zurückdenkt. Wie an den ersten Kuß. Wie an den Frühling, wenn die Sommerhitze brütet. Nachdem er dem Priester die Gewänder zurechtgelegt hat, schaut der Küster noch einmal nach, ob eine ausreichende Anzahl von Sitzkissen für die Stühle bereitliegt. Dann öffnet er das Portal.

Luigi, die Braut hat es gleich gemerkt, ist schlecht gelaunt am Hochzeitstag.

31

Zwar lächelt er, und Fremde würden nicht bemerken, wie verstimmt er ist. Aber sie – so wenig sie ihn kennt – kennt ihn doch gut genug, um zu wissen, wie es ihm wirklich geht. Eine kirchliche Hochzeit ist seine Sache nicht. Überhaupt nichts, was mit Religion zu tun hat. Wenn schon, hat er gesagt, dann so schlicht und so schnell wie möglich. Ohne Musik und ohne Blumen.

Jetzt kniet er neben ihr auf rotem Samt, und sein Unmut ist bitterem Sarkasmus gewichen. »Wann ist das endlich zu Ende?« flüstert er auf deutsch, und daß seine Knie das nicht länger mitmachen. »Wenn es nicht gleich zu Ende ist, stehe ich auf und gehe.« Nuria lächelt nachsichtig über ihren knurrigen Bräutigam. Er amüsiert sie. Sie versucht, ihn zu beschwichtigen. Lange kann es ja nun wirklich nicht mehr dauern. Gleich wird er sich umdrehen, der freundliche Priester, dessen Worte sie nicht versteht, und die Eheringe in der Hand halten. Dann müßte der Segen kommen und vielleicht noch ein Schlußgebet.

Es wird ein Fest in kleinem Kreis. Ein paar Freunde und von Nurias Seite nur ihre Mutter, ihr Onkel und dessen Frau. Luigi, als die Zeremonie überstanden ist, ist wie ausgewechselt. Er legt den Arm um die Schultern seiner Frau. Sie küssen sich. Sein Lachen ist jetzt echt. Er ist Kommunist, das mit der kirchlichen Hochzeit hat er nur ihrer Mutter zuliebe über sich ergehen lassen.

Während sie all zusammen zu dem Restaurant hinüber gehen, das mit dem Mittagessen wartet, kommt ihr die erste Tischszene in den Sinn, die sie gemeinsam bestritten haben.

Anders als am Hochzeitstag war es ein Diner im großen Stil, eine offizielle Einladung mit illustren Gästen. Auf den Tischen Kristallgläser, Blumen und Damastservietten, viel Puder auf den Wangen der Damen. Der festliche Rahmen galt der konzertanten Uraufführung einer Oper: *Moses und Aron* von Arnold Schönberg. Der Komponist war bereits seit drei Jahren tot, aber seine Witwe und

seine Tochter Nuria sind der Einladung gefolgt und im März 1954 aus dem fernen Los Angeles nach Hamburg gereist. Ebenfalls dabei: ein begabter junger Komponist aus Venedig, Luigi Nono. Nuria erinnert sich nicht, wann sie ihn zum allerersten Mal gesehen hat, ob bereits in der Pause oder erst nach der Aufführung. Er wollte jedenfalls ihre Mutter kennenlernen, die Frau von Arnold Schönberg, und da stand sie eben dabei.

Ganz genau weiß sie aber, daß man sich später, zwischen Suppe und Hauptgericht, geradezu mit Inbrunst über politische und gesellschaftliche Probleme ausgetauscht hat. Alles wollte er wissen: Die Studienbedingungen in Amerika interessierten ihn ebenso wie das Parteiensystem, die Währung, die Arbeitsbedingungen für Musiker, die Lebenshaltungskosten.

Auch damals sprachen sie beide den ganzen Abend über deutsch, sie als Kind deutschsprachiger Eltern nahezu perfekt. Dennoch fehlte ihr plötzlich ein Wort: »Was heißt ›Regierung‹?« hat sie ihrer Mutter auf englisch zugerufen, es war fast ein Schrei, so viel Eifer steckte in dem Wunsch, im Gespräch mit dem ebenso interessanten wie interessierten Italiener die passende Vokabel parat zu haben. Außerdem saß er leider nicht neben ihr, sondern an der breiten Tafel genau gegenüber. Akustisch verstanden sie sich schlecht.

Nur wenige Wochen später vollendete der Komponist mit der hohen Kommunikations-Energie, wie sie es nennt, ein Liebeslied für Chor und Instrumente. Auch den Text schrieb er selbst:

»Erde bist Du
Feuer Himmel
ich liebe Dich
Mit Dir ist Ruhe
Freude bist Du
Sturm
mit mir bist Du
Du bist Leben
Liebe
bist Du.«

Die Widmung: »Für Nuria«. Da war die Besungene schon wieder heimgekehrt nach Kalifornien. 1933 sind ihre Eltern dorthin emigriert, Nuria war gerade ein Jahr alt. Ihr Vater, damals schon berühmt als Wegbereiter der modernen Musik, war vor den Nazis geflohen.

»Das wäre ein Mann für dich ...« hat die Mama schon im Flugzeug geschwärmt in Erinnerung an den charmanten jungen Italiener in Hamburg. Die Tochter wollte davon erst einmal nichts hören. Ihre Liebe zu ihm konnte lange keine Mitwisser gebrauchen. Kaum wagte es Nuria, sich selber die Dimension ihres Gefühls für ihn einzugestehen. War es nicht womöglich nur eine Schwärmerei, geboren aus der Gunst des Augenblicks und nicht für die Dauer bestimmt? Nein, sagt sie viele Jahre später in einem Interview, als sie nach Los Angeles zurückgekommen sei, um ihr Biologiestudium wiederaufzunehmen, hat sie sich nicht wirklich vorstellen können, einmal für immer nach Europa zu gehen. Sie fühlte sich ja ganz als Amerikanerin, und sie wollte ihr Studium vollenden und Ärztin werden.

An die Wochen in Europa hat sie mit lächelndem Erstaunen zurückgedacht. Der erste dicke Brief aus Italien ließ nicht lange auf sich warten. Mit Freuden sah die Mutter die Verwirrung der Tochter. Ein Jahr lang hielten Briefe das gemeinsam Erlebte lebendig. Nach der Zeit in Hamburg ist Nuria im Frühjahr mit Luigi zusammen in Rom gewesen, es gab Gespräche, die nicht mit erhobener Stimme geführt werden mußten. Wenn es dabei noch nicht zu Zärtlichkeiten gekommen ist, dann doch gewiß zu einer innigen Vorstufe. Jedenfalls lebte die rege Korrespondenz zwischen Nuria und Gigi, wie er gern von allen genannt wurde, die ihm nahestanden, von der Sehnsucht nach den Verheißungen der Frühlingstage am Tiber.

Im Jahr darauf ist Nuria Schoenberg wieder nach Europa aufgebrochen, und während der Vorbereitungen wurde ihr klar, daß sie diesmal bleiben würde.

Am Flughafen standen sie sich dann mit leiser Befangenheit gegenüber. Ein Paar, das die Götter hätte neidisch machen können: Sie, die Anmut selbst, zart, dunkelhaarig, helle Augen. Er, groß und schmal, in Gestus und Sprache sehr lebhaft, sensibel zugleich, in jeder Faser ein »homme à femme«, einer, der weiß, daß Frauen ihm nicht widerstehen können. Sie sahen sich an: braune Augen in blaue.

Alles paßte zusammen: Während des Darmstädter Ferienkurses – ein Treffpunkt der internationalen musikalischen Avantgarde – wurde 1955 Nonos Komposition *Incontri* uraufgeführt. *Incontri* – das heißt »Begegnungen«, und es war allen klar, wessen Begegnung da gemeint war. Nach der Aufführung verkündeten Nuria und Luigi im Kreis der Freunde ihre Verlobung. Gerne hätte man am nächsten Tag schon geheiratet, aber die Papiere eines Italieners und einer Amerikanerin zusammenzubekommen, das brauchte Zeit. Nurias Mutter war nicht sehr erstaunt, als ihre Tochter anrief und sie bat, einen Koffer mit ihren Sachen zu packen und ihn nach Europa zu schicken.

Niemand hätte besser auf diese Ehe vorbereitet sein können als Nuria. Ganz die Tochter einer Komponistengattin, muß sie ihre Rolle nicht lange üben: Sie ist ihrem Mann verständnisvolle Partnerin, wenn er sie braucht, sie schirmt ihn ab, damit er in Ruhe arbeiten kann, sie organisiert den Haushalt und viele Reisen, sie erzieht die beiden Töchter und akzeptiert selbstverständlich, daß er ihr noch vor der Hochzeit eine entscheidende Lehre erteilt: An erster Stelle in seinem Leben stünde immer die Arbeit, sagt Nono. Sie erzählt es mit einem Lächeln. Es sei nicht gar so heiß gegessen worden wie gekocht. »Er hatte seine Theorien«, sagt sie, »natürlich wollte er auch nicht, daß die Kinder ihn störten – theoretisch –, und dann hat er sich gefreut, wenn sie es taten.« Immer hatte Gigi ein ausgezeichnetes Verhältnis zu seinen Töchtern. Beiden widmete er Kompositionen. Beide wurden verwöhnt – gerade auch vom Vater. Das erste Kind durfte gar die Wände der Wohnung anmalen. Die zweite Tochter Silvia dann nicht mehr. »Wir haben ja gesehen, wie das wurde«, sagt Nura lachend. Dafür sei Silvia später Malerin geworden.

Richtig kennengelernt haben sich Gigi und Nuria erst während der Ehe. So manches Mißverständnis mußte nach und nach ausgeräumt werden. Aber ein böses Erwachen gab es nicht. »Wichtig ist«, sagt Nuria, »daß die Chemie stimmt.« Und die stimmte bei ihnen von Anfang an. Da war es ihr nicht so wichtig, daß sie sich auf Italienisch in der ersten Zeit nicht verständigen konnte. »Die Frau von Gigi«, sagten die Freunde, »ist sehr schön, aber auch sehr schweigsam …« Nuria,

Perfektionistin die sie ist, hat einfach nicht gesprochen, solange sie die Sprache nicht richtig beherrschte.

Heute wird sie manchmal gefragt, ob sie sich tatsächlich 30 Jahre lang wohlgefühlt habe auf einem Platz in seinem Schatten. Mein Gott, sagt Nuria, es komme ja doch immer darauf an, in wessen Schatten man stehe, nicht wahr? Sie hat seine Arbeit in jeder Phase begleitet. Sie war möglichst bei den Proben dabei, sie erinnert sich bis in Details, wann er mit wem gearbeitet hat und wo. Eine Liebe vor dem Hintergrund der Bewunderung sei es gewesen. Und sie denkt gerne daran zurück, daß sie ihm für seine Arbeit die besten Bedingungen geschaffen hat. »Was ich gemacht habe, war professionell. Es war mir wichtig, eine Atmosphäre zu schaffen, in der Nono gut leben und seine schöpferische Arbeit machen konnte und in der meine Kinder gut aufwachsen konnten.«

Nach seinem Tod 1990 hat sie in Venedig, in unmittelbarer Nachbarschaft ihrer ehemaligen gemeinsamen Wohnung, das Luigi-Nono-Archiv aufgebaut. Nuria ist den Wissenschaftlern und Musikern, die aus aller Welt hierher kommen, kundige Führerin durch ein Labyrinth von Skizzen, Partituren, Computerpaßwörtern, Manuskripten, Briefen und Fotos. Eine Expertin für die Werke ihres Mannes. Bewunderung, die ihren Fachkenntnissen gilt, tut ihr gut, aber sie hält sofort dagegen: »Wissen Sie, ich kann auch sehr gut kochen …«

»Nichts in der Welt ist so rot wie dein Mund«

OSCAR WILDE UND ALFRED DOUGLAS

Januar – März 1897   *H. M. Prison, Reading*

Lieber Bosie, nach langem, vergeblichem Warten habe ich mich entschlossen, Dir zu schreiben, nicht nur in Deinem, sondern auch in meinem Interesse, denn mich schmerzt der Gedanke, daß ich in zwei Jahren der Gefangenschaft keine einzige Zeile von Dir erhielt und daß Deine spärlichen Botschaften und die wenigen Berichte über Dich mir nur Kummer bereitet haben...

Der Gefangene schreibt im Halbdunkel seiner Zelle, seine Hände zittern, und schon nach den ersten Sätzen tun ihm die Augen weh. Das köstliche Tageslicht ist fast dahin, ohne daß es ihm vergönnt gewesen wäre, es zum Schreiben zu nutzen.

Oscar Wilde hat die letzten Monate seiner zweijährigen Haft vor sich, als er den Brief an seinen Geliebten zu schreiben beginnt. Hart geht er mit ihm und sich selbst ins Gericht. Bosie habe ihn ausgenutzt, schamlos und unausgesetzt, ihn am Schreiben gehindert, ihn erniedrigt und gedemütigt, ihn in jeder Hinsicht ruiniert. Und er, Oscar Wilde, habe nicht die Kraft gehabt, den Verlockungen der Liebe zu widerstehen.

38

Alle Bitterkeit ihres Zusammenseins, jeden Verrat, jede Lüge ruft er ihm ins Gedächtnis:

Nachdem Du mein Genie, meine Willenskraft und mein Vermögen in Beschlag genommen hattest, verlangtest Du in blinder, unersättlicher Gier meine ganze Existenz. Und nahmst sie…

Der Brief ist lang, er füllt ein Buch von mehr als hundert Seiten. *De Profundis* ist der Titel. Unvorstellbar, daß der Dichter seinen Peiniger nach alledem, was hier zu lesen ist, jemals wiedersehen will. Doch der Brief schließt mit einer überraschend versöhnlichen Wendung:

Du bist zu mir gekommen, um die Freuden des Lebens und die Freuden der Kunst kennenzulernen. Vielleicht bin ich ausersehen, Dich weit Wunderbareres zu lehren: den Sinn des Leidens und seine Schönheit. Dein Dich liebender Freund O. W.

Auch ohne daß Bosie Gelegenheit gehabt hätte, auf die Anklage zu reagieren oder sich zu rechtfertigen, schließt der Freund ihn am Ende wieder in die Arme. Wie ein Kind, dem man verzeiht, was immer es tut. Geduld und unendliches Verzeihen von seiten des Dichters bestimmen ihre Beziehung von Anfang an und bis zu Wildes Tod. Es ist die Art Liebe, die danach ruft, den Liebenden zu vernichten. Die Art, die den Liebenden seinen eigenen Untergang herbeiwünschen läßt. Von der »Tyrannei des Schwachen über den Starken« spricht Wilde in *De Profundis*. »Er wünschte sich eine verzehrende Leidenschaft«, schreibt der Wilde-Biograph Richard Ellmann, »er bekam sie, und sie verzehrte ihn.«

Der Gefangene braucht Wochen, ehe er seinen Brief vollendet hat. Nur sonntags kann er auch am Vormittag schreiben, wenn das Sonnenlicht die Zelle erhellt. Und so sehr es ihn schmerzt, was er da schreibt, so sehr erfüllt es ihn mit Dankbarkeit, daß er überhaupt schreiben darf. Ein Privileg, das man ihm erst in den letzten Monaten seiner Haft zugestanden hat.

»Als unsere Augen einander begegneten, spürte ich, wie ich blaß wurde. Ein sonderbares Gefühl des Entsetzens überfiel mich. Ich wußte, ich stand hier einem Menschen gegenüber, dessen bloße Persönlichkeit so faszinierend war, daß sie sich, falls ich es zuließe, meines ganzen Wesens, meiner ganzen Seele, ja sogar meiner Kunst bemächtigen würde … Irgend etwas schien mir zu sagen, daß ich am Rande einer furchtbaren Krise in meinem Leben stand. Ich hatte das sonderbare Gefühl, daß das Schicksal erlesene Freuden und erlesene Leiden für mich bereithielt.«

So hätte er sie beschreiben können, die erste Begegnung mit der verhängnisvollsten Leidenschaft seines leidenschaftlichen Lebens, den ersten, noch vorsichtig-freundlichen Kontakt mit Lord Alfred Douglas. Doch er beschreibt diesen ersten Blick bereits, bevor sie sich kennengelernt haben. Die Beschreibung bezieht sich nicht auf das reale Leben, sie steht in seinem Roman *Das Bildnis des Dorian Gray*, der dem Autor zusätzlichen Ruhm einträgt, aber auch den Ruf, unmoralisch und gefährlich zu sein. Immerhin verzichtet

Dorian auf seine unsterbliche Seele, um sich ewige Jugend und Schönheit zu erhalten.

Später schreibt Oscar dem Geliebten, da ist er schon außer sich vor Liebe:

Ich kann ohne Dich nicht leben … Du bist mir mehr, als sich irgend jemand vorstellen kann. Du bist die Atmosphäre der Schönheit, durch die ich das Leben sehe. Du bist die Inkarnation alles Lieblichen …

Alfred Douglas hat *Dorian Gray* viele Male gelesen, bevor er seine Hand zum ersten Mal in die des Dichters legt, wieder und wieder gelesen, er ist darin geradezu versunken. Er kennt die Stelle mit den exquisiten Freuden und Leiden auswendig, er hat Oscar Wilde als das wahrgenommen, was der zutiefst zu sein wünscht: ein Künstler, ein exquisiter Künstler.

Im Juli des Jahres 1891 nimmt ein Bekannter des Dichters, Lionel Johnson, seinen Cousin Alfred Douglas mit zu Wildes Wohnung in die Tite Street. Man plaudert, man nimmt ein Getränk zu sich. Der Gastgeber muß sich zwingen, den Begleiter seines Freundes nur verstohlen, nur aus dem Augenwinkel anzusehen, das Wort nur selten an ihn direkt zu richten und wenn, dann nur mit abgewandtem Blick. Dennoch erfaßt ihn ein inneres Beben, und er weiß, daß Bosie dieses Beben bemerkt hat.

Zum Abschied schenkt Wilde dem feingliedrigen jungen Mann eine Luxusausgabe des *Dorian Gray*. »Für Alfred Douglas«, lautet die Widmung, »von einem Freund, der dieses Buch geschrieben hat. Juli 91, Oscar.«

Es dauert noch ein knappes Jahr, ehe sie die Versprechen einlösen, die sie sich an jenem Sommertag mit Gesten und verstohlenen Blicken gaben, bis die Anspielungen deutlicher werden und sich schließlich erübrigen, bis ihr Atem sich mischt, bis die Worte verklingen und die stumme Sprache von Lippen und Händen sich entfalten darf.

Bosie ist Anfang 20, Student in Oxford, Oscar Wilde 37 Jahre alt, verheiratet, Vater von zwei kleinen Söhnen. Als sie zueinanderfinden, steht er als Autor kurz vor dem Zenit seines spektakulären Ruhms. Sein Ruf als Ästhet, als Dandy, als ein Mann, der Kunst und Leben auf ungeahnte Weise zu verbinden versteht, umgibt ihn wie ein teures Parfüm. Fotos zeigen einen eleganten Mann, der nicht ein Detail seiner Kleidung und seiner Frisur dem Zufall überläßt.

Das üppige dunkle Haar trägt er länger. Seine vollen Lippen sind zart konturiert. Material und Farben der Stoffe, die für seine Anzüge Verwendung finden, sind wohl aufeinander abgestimmt, kein Accessoir, vom Manschettenknopf bis zur Blume im Knopfloch, das nicht von erlesenster Art wäre. »Männer sollten mehr Samt tragen«, befindet Wilde, »denn er fängt Licht und Schatten ein, wohingegen feiner Wollstoff häßlich ist, weil er das Licht nicht aufnimmt.« Dabei ist Oscar Wilde fern von aller geckenhaften Eitelkeit, ein Gentleman vielmehr, und man zweifelt nicht daran, daß sein Lächeln von Herzen kommt. Sein Blick hat den Glanz echter Freundlichkeit.

Für Alfred Douglas müssen der Charme, die Liebenswürdigkeit dieses Mannes und der Zauber seiner Konversation, seine Klugheit, sein Esprit, überwältigend gewesen sein. Zugleich hat er einen Instinkt dafür, wo er Bewunderung erfährt, und daß dieser Vielbewunderte ihn bis zur Selbstentäußerung zu vergöttern bereit und fähig wäre, spürt er sofort.

Alfred Douglas ist schön. Schlank, milchweiße Haut, blondes Haar und ein Blick voll träumerischer Anmut. Sein Mund ist ganz so, wie Wilde den des Jochanaan in seinem Stück *Salome* beschreiben wird: »Dein Mund ist wie ein Scharlachband an einem Turm von Elfenbein. Er ist wie ein Granatapfel von einem Silbermesser zerteilt ... wie ein Korallenzweig in der Dämmerung des Meeres, wie der Purpur der Könige. Nichts in der Welt ist so rot wie dein Mund ...«

Wilde, als er Bosie sieht, muß sich den Gedanken strikt verbieten, diesen Marmorknaben einmal berühren zu dürfen. Als schlösse sich ein letztes Sicherheitsventil in seinem Inneren verbietet er sich ferner, an ihn zu denken. Und doch ertappt er sich beständig dabei. Nichts in der Welt ist so rot wie dieser Mund.

Douglas wird später berichten, Wilde habe ihn über sechs Monate lang bestürmt, belagert. Wilde dagegen betont, daß die Initiative für den Auftakt ihrer intimen Beziehungen von Bosie ausging. Zuvor sei es eine lockere Bekanntschaft gewesen. Im Frühjahr 1892 bittet der Student den erfahrenen Autor um Hilfe: Er werde wegen eines Briefes mit kompromittierendem Inhalt erpreßt. Wilde fährt nach Oxford und bleibt übers Wochenende. In den Juni jenes Jahres schließlich fällt ihre erste Liebesnacht. Oscar Wilde schenkt dem Geliebten abermals ein Buch, seine Gedichte. Die Widmung diesmal: »Von Oscar für den goldverbrämten Jüngling in Oxford im Herzen des Juni, Oscar Wilde.«

Bosie ist zu dieser Zeit einer der begehrtesten Homosexuellen Londons, Wilde hatte durch seinen Freund John Gray die gleichgeschlechtliche Liebe kennengelernt. Bosie steht an der Seite des Dichters mit im Glanz seiner triumphalen Erfolge, Wilde lernt durch den Geliebten die Boudoirs der Halbwelt kennen, die Stricherszene, die Illegalität, den doppelten Boden der nur scheinbar hochmoralischen viktorianischen Gesellschaft. Er ist begeistert. Hübsche junge Männer, die sich für ein paar Pfund und eine warme Mahlzeit prostituieren, faszinieren ihn.

Und er ist immer wieder von neuem hingerissen vom Charme und von der Schönheit seines Geliebten. »Mein lieber Bobbie«, schreibt er seinem Freund Robert Ross, der ihm bis in den Tod die Treue halten wird, »Bosie … ist ganz wie eine Narzisse – so weiß und golden … Bosie ist sehr müde: Er liegt wie eine Hyazinthe auf dem Sofa, und ich bete ihn an. Du lieber Junge. Stets Dein Oscar.«

Kaum sind sie ein Paar, da beginnt ein grausames Spiel, das schließlich ins Verderben führt. Oscar Wilde lernt seinen Freund als anspruchsvolles, launisches Luxusgeschöpf kennen, als unverschämt Fordernden, als verzogen, jähzornig und rachsüchtig. Bosie will vor allem immer wieder Geld von ihm. Es gehört zu seiner Taktik, sich finanziell von seinem Freund abhängig zu machen, sich aushalten zu lassen ist ein spezieller Reiz des Geliebtwerdens, und Wilde läßt sich in seiner grenzenlosen Generosität immer wieder herausfordern. »Ich weiß noch sehr gut«, schreibt Douglas 1896, da ist Oscar in Haft, an John Gray, »wie reizvoll es war, Oscar um Geld zu bitten. Es war für uns beide eine süße Demütigung und ein exquisites Vergnügen.«

Oscar muß erleben, daß sein Geliebter ihn immer dann verläßt, wenn er ihn braucht, wenn er krank ist zum Beispiel. Klar und einfach gibt er ihm dann zu verstehen, daß er ihn, den Dichter, auf einem Sockel der Erhabenheit zu sehen wünsche. In seiner Schwäche interessiere er ihn nicht. Entsprechend klagt Wilde:

Wir richten uns gegenseitig zugrunde, Du bist dabei, mein Leben vollständig zu ruinieren, und ich bin offenbar nicht in der Lage, Dich glücklich zu machen. Die Trennung, der endgültige Schlußstrich, das wäre die einzig kluge und philosophische Konsequenz.

Immer wieder lenkt Bosie ein, wenn es zum Äußersten zu kommen droht, und immer wieder läßt Wilde sich auf ihn ein. Zu seinem Entzücken hat der Geliebte, in Oxford wenig erfolgreich, sich ebenfalls aufs Dichten verlegt:

Mein einziger Junge, Dein Sonett ist einfach herrlich, und es kommt einem Wunder gleich, daß Deine roten Rosenblattlippen nicht nur für rasende Küsse, sondern auch für den Wohlklang des Liedes geschaffen sind. Deine zarte Goldseele wandelt zwischen Leidenschaft und Lyrik. Nun weiß ich: Hyakinthos, den Apollon so ra-

send liebte, das warst Du in den Tagen der Griechen … In unvergänglicher Liebe bleibe ich Dein Oscar.

Oscar Wilde selbst löst die Lawine aus, die ihn schließlich in die Tiefe reißt. Er läßt sich von seinem Freund in die Streitigkeiten hineinziehen, die dieser mit seinem Vater auszufechten hat. Der Marquess of Queensberry ist ein jähzorniger Mann, genau wie sein Sohn. Sein Kind in homosexuellen Kreisen zu sehen, macht ihn rasend. Er beleidigt Oscar Wilde, dieser verklagt ihn wegen Verleumdung und nun wird Wilde seinerseits verklagt. Homosexualität gilt im England des ausgehenden Jahrhunderts als Straftat.

Zwar gäbe es einen Ausweg für Oscar, denn es ist üblich, daß man einen Gentleman, der sich vor dem Gesetz schuldig gemacht hat, entkommen läßt. Auch ein Haftbefehl wird erst vollstreckt, wenn der Abendzug nach Dover abgefahren ist – der Flüchtende erreicht dann noch die Fähre und

45

kann entkommen. Wilde jedoch verschmäht diese Möglichkeit. Er will sich stellen. Er will dem Geliebten gegen seinen Vater beistehen. Er will die äußerste, die bitterste Konsequenz. Vor Gericht beschwört er die Reinheit der idealen Liebe:

»Die Liebe, die sich in unserem Jahrhundert stets verhehlt, bezeichnet die große Zuneigung eines älteren für einen jüngeren Mann ... eine Zuneigung, die Platon zur Grundlage seiner Philosophie machte und die in Michelangelos und Shakespeares Sonetten widerklingt. Diese tiefe, geistige Liebe ist ebenso rein wie vollkommen ... ihretwegen stehe ich nun hier. Sie ist schön, sie ist zart, sie ist die edelste Form der Zuneigung. Nichts Unnatürliches haftet ihr an ... Sie waltet immer dann, wenn der Ältere Geist besitzt und der Jüngere noch alle Freude, Hoffnung und Glorie des Lebens vor sich hat. Daß es dergleichen gibt, ist der Welt unbegreiflich. Die Welt macht sich darüber lustig und stellt manchmal dafür einen Menschen an den Pranger.«

Ein letztes Mal applaudiert man ihm, aber das rettet ihn nicht.

Der Prozeß und die Verurteilung zu zwei Jahren Zuchthaus mit Zwangsarbeit sind sein gesellschaftlicher und finanzieller Ruin, die Haft selbst richtet seine Gesundheit und sein Gemüt zugrunde. »Das Gefängnisdasein läßt einen die Menschen und Dinge so sehen, wie sie wirklich sind. Darum verwandelt es einen zu Stein.«

Nach seiner Entlassung im Mai 1897 bringen ihn Freunde nach Dover. Er nimmt die Fähre und mietet sich in ein Hotel bei Dieppe an der französischen Küste ein. Sein französischer Kollege André Gide besucht ihn dort. Wilde habe noch denselben träumerischen Blick, berichtet er, das fröhliche Lachen und dieselbe Stimme. Dem Geliebten, erzählt er Gide, habe er mitgeteilt, daß er ihn nicht sehen könne. »Er geht seinen Weg, den Weg der Schönheit, den Alkibiades gegangen ist. Und ich folge dem heiligen Franz von Assisi.«

Spaziergänge am Meer lassen ihn allmählich zur Ruhe kommen, und gesundheitlich stabilisiert er sich vorübergehend, dennoch wird die Stimme in seinem Inneren, die keine Enttäuschung zum Schweigen gebracht hat, immer lauter. An einem Sonntagnachmittag, Oscar Wilde sitzt in seinem Zimmer am Fenster – die Blendläden sind wegen der Hitze geschlossen – und schreibt einen Brief an Bosie, an sein »göttliches Wesen«.

Sie treffen sich in Rouen, sie gehen Hand in Hand, Arm in Arm, sie verbringen die Nacht miteinander, den nächsten Tag und den übernächsten. Die wenigen getreuen Freunde sind entsetzt. Robert Ross teilt dem Dichter mit, wie sehr ihn diese Versöhnung erschüttert.

»Ich kann ohne die Luft der Liebe nicht leben«, erwidert Oscar ihm, »ich muß lieben und geliebt werden, einerlei, welchen Preis ich dafür zahle. Wenn die Leute schlecht über mich sprechen, weil ich zu Bosie zurückgegangen bin, sage ihnen, er habe mir Liebe geboten – und in meiner Verlassenheit und Schande, nach monatelangem Kampf gegen eine scheußliche Philisterwelt hätte ich mich natürlich ihm zugewandt. – Selbstverständlich werde ich oft unglücklich sein. Aber ich liebe ihn noch immer: Die Tatsache schon, daß er mein Leben zunichte gemacht hat, läßt mich ihn lieben …

Wir hoffen, eine kleine Villa irgendwo zu finden – und ich hoffe, mit ihm zu arbeiten – ich denke, ich werde es können – ich denke, er wird gut zu mir sein – mehr verlange ich nicht. Gib den Leuten also zu wissen, daß meine einzige Hoffnung auf Leben oder literarische Tätigkeit darin bestand, wieder mit dem jungen Menschen zu gehen, den ich vordem mit so tragischen Folgen für meinen Namen geliebt habe.«

Die beiden ziehen nach Neapel, wo Wilde seine *Ballade vom Zuchthaus Reading* schreibt und Douglas Sonette. Als das Geld verbraucht ist, reist Douglas

47

nach Paris. Wilde folgt ihm – doch scheint das letzte Band zwischen ihnen zerrissen. Bosie erbt das Vermögen seines Vaters, aber als Oscar Wilde – ständig in Geldnot und auf die Gunst seiner Freunde angewiesen – ihn um Hilfe bittet, weist er ihm die Tür. Es ist ihre letzte Begegnung. Wie eine große dicke Dirne sei Wilde ihm vorgekommen, berichtet Bosie, und das habe er ihm auch gesagt.

Im Herbst 1900 bekommt Wilde eine Innenohrentzündung, die nach erfolgloser Behandlung das Gehirn angreift. Am 30. November stirbt Oscar Wilde, wie Robert Ross berichtet, unter Qualen.

Bei der Beerdigung macht Alfred Douglas Ross heftige Vorwürfe, daß er ihn nicht ans Krankenbett geholt habe. Er widmet dem toten Freund ein Sonett:

Nachts träumte ich von ihm, – sah sein Gesicht
Ganz strahlend, nicht im Schatten trüber Qual.
Wie einst in Melodien ohne Zahl
Hört ich die goldne Stimme, und sie spricht. –

Er schürfte Anmut aus des Alltags Schicht
Und schürfte aus dem Nichts ein Wundermal,

Bis sich in Schönheit hüllt, was bleich und kahl,
Und uns die Welt erglänzt im Zauberlicht.

Doch – als ich vor verschloßnem Tore stand,
Da trauert ich um manch verlornes Wort, –
Verschollne Sagen, rätselhafte Not, –
Manch Wunder, das noch nie die Sprache fand, –
Gedankenvögel, die erstickt im Mord,
Dann wacht' ich auf und wußte: – er war tot!

»Es heißt, die Liebe habe einen bitteren Geschmack«, sagt Oscar Wildes *Salome*. »Doch was tut's? Was tut's? Ich habe deinen Mund geküßt, Jochanaan, ich habe deinen Mund geküßt.«

»Es muß werden, wenn wir wollen und handeln«

CLARA WIECK UND ROBERT SCHUMANN

Ein Vater in Hochform: Er verteidigt sein Lebenswerk vor dem Zugriff eines anderen Mannes. Robert Schumann, einer seiner Schüler, maßt sich an, die Tochter des Lehrers zu begehren, wagt es gar, um ihre Hand anzuhalten. Friedrich Wieck reagiert unerbittlich. Die zarte Clara – nach einer Karriere als Wunderkind – ist inzwischen zur gefeierten Klaviervirtuosin herangereift, und in keiner anderen Rolle will er sie sehen. Ihm allein, ihrem Vater und Lehrer, ist dieser Erfolg zu verdanken. Seit ihrem fünften Lebensjahr hält er sie in strengster Zucht. Folglich ist sie sein Geschöpf, sein Lebensinhalt, seine Investition in die Zukunft, sein Kapital.

Wie viele Konzertreisen kann er noch mit ihr machen, wieviel internationalen Ruhm ernten, wieviel Geld verdienen! Und da soll er sie in zartestem Alter einem jungen Tonsetzer überlassen, soll riskieren, daß sie zu spielen aufhört, um ein kümmerliches Dasein als Ehefrau und Mutter zu führen? Die Vorstellung allein macht ihn rasend. Im aufflammenden Zorn verbietet er jede weitere Begegnung, jeden Briefwechsel.

Clara wird nach Dresden beordert und auf Konzertreise geschickt. Als sie heimkehrt nach Leipzig, bewacht er sie. Auch er selbst bricht jeden Umgang mit Schumann ab. Der Tochter gegenüber schmäht er den Freund mit allen Mitteln. Hat er nicht ein flatterhaftes Wesen und schon einmal eine Verlobung aufgelöst? Trinkt er nicht und hat überhaupt die seltsamsten Anwandlungen? Als Frau dieses Mannes, schimpft der Alte, würde ihre Karriere ruiniert und sie »in Galoschen und unter einem Regenschirm hinter Privatstunden« herlaufen müssen.

Als sich Robert und Clara zum ersten Mal begegnen, ist sie noch ein Kind. Sie spielt im Haus von Agnes Carus, einer Leipziger Arztgattin. Schumann, ganz romantischer Jüngling, bewundert die Hausfrau, die eine Freundin seiner Eltern ist, mit schwärmerischer Hochachtung. Der Kleinen am Klavier mit ihren Lackschuhen und den wippenden Löckchen gönnt er einen Seitenblick. Vor allem aber hört er ihr aufmerksam zu – und nimmt sich vor, ihren Vater zu bitten, auch ihn zu unterrichten.

Friedrich Wieck akzeptiert den jungen Mann aus Zwickau, obwohl er weibliche Schüler für fügsamer hält. Roberts Mutter fragt ängstlich nach, ob ihr Sohn auch begabt genug sei, und der Klavierlehrer antwortet ihr umgehend, er sei in der Lage, den jungen Mann zum Virtuosen zu machen, vorausgesetzt, es vergingen ihm die Flausen und er könne »seine zügellosen Phantasien« bändigen.

Wenn die Exerzitien beendet sind – Robert übt täglich sieben Stunden –, tobt er mit der neun Jahre jüngeren Clara herum, macht Spaziergänge mit ihr, und zur guten Nacht erzählt er ihr Scharaden und Schauergeschichten. Wenn sie getrennt sind, schreiben sie sich.

Liebe Clara! Ich denke oft an Sie, nicht wie der Bruder an seine Schwester oder der Freund an die Freundin, sondern etwa wie ein Pilgrim an das ferne Altarbild; ich war während Ihrer Abwesenheit in Arabien, um alle Märchen zu erzählen, die Ihnen gefallen könnten – sechs neue Doppelgängergeschichten, 101 Charaden, acht

spaßhafte Rätsel und dann die entsetzlich schönen Räubergeschichten und die vom
weißen Geist – hu, wie's mich schüttelt! … Das Papier geht zu Ende. Alles geht zu
Ende, nur nicht die Freundschaft, mit welcher ich bin

Fräulein C. W.'s wärmster Verehrer

R. Schumann

Eine fast geschwisterliche Nähe, und besonders Clara wird sie genossen haben. Ihre Mutter hatte sich vom Vater getrennt, da war die Tochter vier Jahre alt. Liebevolle Zuwendung hat sie sonst nicht viel erfahren, denn der Vater ist vor allem streng.

Robert geht für ein Jahr nach Heidelberg, um dort sein Jurastudium fortzusetzen, und als er nach Leipzig zurückkehrt, ist er entschlossen, seiner Berufung zu folgen und Musiker zu werden. Da ist ihm die kindliche Clara in der Virtuosität ihres Klavierspiels bereits weit überlegen.

Als sie im Mai 1832 nach längerer Abwesenheit von einer Konzertreise aus Paris zurückkehrt, sieht Robert sie plötzlich mit anderen Augen: »Clara ist hübscher und größer, kräftiger und gewandter geworden, sie hat einen französischen Accent beim Deutschreden, den ihr Leipzig bald wieder austreiben wird.«

Zu seiner Freude versucht sie sich auch an seinen kompliziertesten Kompositionen, bewundert ihn, himmelt ihn richtig an.

Wenn sein Blick auf ihrem Porzellangesicht ruht, macht sich Robert Gedanken über seinen unmoralischen Lebenswandel, verurteilt sich selbst ob seiner Affären mit Männern und mit Frauen und sehnt sich nach einer Geliebten, die seinem Ideal von Reinheit und romantischem Künstlertum entspricht, nach der Harmonie zweier gleichgestimmter Seelen.

Zu ihrem 16. Geburtstag schenkt er Clara ein Körbchen aus Porzellan, und wenig später – sehr gefährlich, weil Friedrich Wieck im Nebenzimmer arbeitet – kommt es zum ersten heimlichen Kuß. Um diese Zeit hat der Vater bereits den Braten gerochen und Kontaktverbot verhängt.

Der Tod seiner Mutter am 4. Februar 1836 und die Verlassenheitsgefühle, die damit für ihn verbunden sind, lassen Roberts Liebe zu seiner Braut noch heller strahlen. Er fährt nach Dresden, wo sie gerade konzertiert, und schwört ihr ewige Treue. Clara – seine Hände in den ihren – ist ganz stumm vor Glück, und als er geht, kommen ihr die Tränen. Aus Zwickau, wo die Mutter begraben liegt, schreibt ihr der ehemalige Spielgefährte den ersten Liebesbrief:

… wie Du vor mir stehst, meine geliebte, geliebte Clara, ach so nah dünkt es mich, als ob ich Dich fassen könnte. … Wir sind vom Schicksal schon füreinander bestimmt; schon lange wußt ich das, aber mein Hoffen war nicht so kühn, Dir es früher zu sagen … Es wird dunkel in der Stube. Draußen stöberts und schneits. Ich will mich recht tief in eine Ecke bergen, mit dem Kopf in das Kissen und nichts denken als Dich. Lebe wohl, meine Clara. Dein Robert.

Es beginnt nun die Zeit, die die Musikwissenschaftlerin Eva Weissweiler in ihrer Biographie von Clara Wieck als die ideale, die glücklichste Phase in der Beziehung des jungen Künstlerpaars bezeichnet. Nicht Erfüllung braucht diese Liebe, keine große Nähe vor allem und keine Alltäglichkeit. Ihr Glück nährt sich von der gegenseitigen Verklärung und davon, daß sie sich aus der Distanz bewundern, ihre Lage beklagen und gegen einen Widerstand ankämpfen können. So gesehen tut Friedrich Wieck sich keinen Gefallen mit den vehementen Verboten – die Auflehnung dagegen schmiedet die beiden erst richtig zusammen.

Ein Zerren und Zanken hebt an, gegenseitige Vorwürfe, in deren Sog bisweilen auch die Liebenden geraten, Versuche des Vaters, andere Freier für seine Tochter ins Feld zu führen, Wutausbrüche Roberts, die ihn tatsächlich zu viel trinken und die Nähe anderer Frauen suchen lassen. Zum Zeichen höchster Verehrung und gewissermaßen als Verlobungsgeschenk widmet er Clara seine fis-Moll-Sonate, und sie kleidet sich immer mehr so, wie es dem Bräutigam gefällt: hochgeschlossene dunkle Kleider, die ihre birkenschlanke Gestalt vom Kinn bis zu den Knöcheln bedecken, die lackschwarzen Haare in der Mitte gescheitelt und im Nacken geknotet, ohne die spielerischen Löckchen an der Seite.

Nach einer längeren Phase des Schweigens will Robert noch einmal ganz ausdrücklich hören, daß sie zu ihm steht.

Sind Sie noch treu und fest? So unerschütterlich ich an Sie glaube, so wird doch auch der stärkste Mut an sich irre, wenn man gar nichts von dem hört, was einem das Liebste auf der Welt. Und das sind Sie mir. Tausendmal habe ich mir alles überlegt, und alles sagt mir: Es muß werden, wenn wir wollen und handeln … Wäre es, daß uns nur eine Morgenröte trennt … Vergessen Sie also das »Ja« nicht. Ich muß erst diese Versicherung haben, ehe ich an etwas weiteres denken kann.

Die Antwort der Angebeteten ist deutlich:

Nur ein einfaches »Ja« verlangen Sie? So ein kleines Wörtchen – so wichtig! – Doch sollte nicht ein Herz so voll unaussprechlicher Liebe, wie das meine, dies kleine Wörtchen von ganzer Seele aussprechen können? Ich tue es, und mein Innerstes flüstert es Ihnen ewig zu … und dem Vater werd' ich zeigen, daß ein jugendliches Herz auch standhaft sein kann.

Zweimal hält Schumann um Claras Hand an, ehe der Vater scheinbar nachgibt. Seine Einwilligung allerdings hat ihren Preis. Er stellt eine Liste von Bedingungen auf mit finanziellen Forderungen, die Schumann niemals erfüllen kann. Schließlich erstreitet er vor Gericht die Erlaubnis, Clara Wieck heiraten zu dürfen. Die Hochzeit findet am 12. September 1840 statt, am Tag vor Claras 21. Geburtstag, in der Dorfkirche von Schönefeld bei Leipzig.

Das junge Paar bezieht eine Wohnung im Zentrum von Leipzig, und Robert Schumann schenkt seiner Frau ein leinengebundenes Buch. Es ist so schwarz wie die Kleider, die sie trägt, wenn sie auftritt, und er nennt es »Ehetagebuch«. Die erste Eintragung stammt von ihm:

Das Büchlein, das ich heute eröffne, hat eine gar innige Bedeutung. Es soll ein Tagebuch werden über alles, was uns gemeinsam berührt in unserem Haus- und Ehestand; unsre Wünsche, unsre Hoffnungen, sollen darin aufgezeichnet werden …

Der »Eheorden«, wie Robert ihren Bund gern nennt, enthält auch so etwas wie eine Kleiderordnung. Im weißen Spitzenhäubchen möchte er sein »Herzensweib« sehen, und sie tut ihm den Gefallen. Auf anderen Gebieten ist die gegenseitige Anpassung dagegen ein Problem, das mit der Zeit immer größer wird. Es offenbaren sich unübersehbare Divergenzen: Er braucht Ruhe zum Komponieren, sie will Klavier üben. Er will eine Hausfrau aus ihr machen, sie sucht weiterhin Anerkennung als Künstlerin. Ihr Streben nach materiellen Dingen wird von ihm als kränkend empfunden. Sie hat ein zwiespältiges Verhältnis zu seiner Musik, und seine Schwärmerei für schöne Knaben erfüllt sie mit Abscheu.

55

Ihre vielen Schwangerschaften tragen ebenfalls nicht dazu bei, ihr das Eheleben zu versüßen. Im Haushaltsbuch findet sie eines Tages minuziöse Eintragungen darüber, wie oft sie zusammen schlafen. Robert malt immer Sechzehntelnoten neben das jeweilige Datum.

Ende September 1853 dann – Robert ist inzwischen Musikdirektor in Düsseldorf und Clara siebenfache Mutter – ein Ereignis, das im Tagebuch zuerst nur eine nüchterne Erwähnung findet: erster Besuch des jungen Komponisten Johannes Brahms aus Hamburg. Clara und Robert sind tief beeindruckt, und beide fangen Feuer.

»Man könnte ihn mit einem prächtigen Strom vergleichen, der, wie der Niagara, sich am schönsten zeigt, wenn er als Wasserfall brausend aus der Höhe herabstürzt, auf seinen Wellen den Regenbogen tragend, am Ufer von Schmetterlingen umspielt und von Nachtigallen begleitet ...« schreibt Robert in erster Begeisterung an seinen Freund, den Geiger Joseph Joachim. Dieser hatte das hochbegabte und engelgleiche Genie schon angekündigt: »Rein wie ein Demant« sei der Blondgelockte und »weich wie Schnee ...«

Clara verschlägt es den Atem, als sie ihn sieht, und zum ersten Mal seit langer Zeit läßt sie vom Spitzenhäubchen

56

ab und frisiert ihr Haar weniger streng. »Das ist wieder einmal einer, der kommt eigens, wie von Gott gesandt!« schreibt sie in ihr Tagebuch.

Sie soll ihm gefolgt sein bis in sein Gasthauszimmer, dem jungen Mann mit dem lebhaften Wesen, noch in derselben Nacht, und bei ihm geblieben sein. Eine »Macht, die keinen Widerstand duldet«, sei über sie gekommen. So hat es jedenfalls Claras Tochter Marie später erzählt.

Das Kind, das Clara am 11. Juni des folgenden Jahres zur Welt bringt, sieht jedenfalls nicht aus wie Robert: diese blonden Locken, die volle Unterlippe, und in späteren Jahren der halb verträumte, halb trotzige Ausdruck.

Johannes Brahms zieht kurz nach seiner Ankunft ins Haus der Schumanns, und sie musizieren zu dritt in schönster Einigkeit. Robert allerdings geht es schlecht in dieser Zeit: Er wird mehr und mehr von Wahnideen gepeinigt. Am 27. Februar 1854, ein Rosenmontag, springt er in den Rhein, wird gerettet und in die Irrenanstalt von Endernich bei Bonn gebracht. »Melancholie und Wahn« diagnostizieren die Ärzte. Nur einmal besucht ihn Clara. Er stirbt am 29. Juli 1856, und seine Witwe nimmt mit ungebrochener Energie ihre Karriere als Klaviervirtuosin wieder auf.

»Was tief im Inn'ren heilig brünstig waltet«

COSIMA VON BÜLOW UND RICHARD WAGNER

»Ein wüster, unschöner Traum« sei ihr Leben bisher gewesen, schreibt die 32jäh-rige in ihr Tagebuch, »ich begreife ihn selbst nicht und verwerfe ihn mit der ganzen Kraft meiner jetzt geläuterten Seele.« Der Eintrag ist vom 1. Januar 1869 »am äußeren Wendepunkt meines Lebens«. Endlich sei ihr vergönnt, »das zu betätigen, was seit fünf Jahren mich beseelt.« Herz und Hand hat sie seit dieser Zeit einem Mann geweiht, der ihr »Schutzgeist und Erretter meiner Seele, Of-fenbarer alles Edlen und Wahren« geworden ist.

Es ist nicht niedrige Leidenschaft, nichts weniger als das, die sie dazu bringt, ihren Ehemann, den Dirigenten Hans von Bülow, und die zwei Töchter, die sie mit ihm hat, nach langem inneren Ringen zu verlassen: Vielmehr nimmt sie die außerordentliche Bürde auf sich, die das Schicksal ihr zugedacht hat. Cosima, Tochter des Klaviervirtuosen Franz Liszt, folgt dem energischen Fingerzeig des Himmels, als sie zu Richard Wagner in dessen Villa nach Tribschen bei Luzern zieht. Draußen nebelfeuchtes Novemberwetter, drinnen lodernde Liebesschwü-re: »Dieses Mal komme ich nicht zu Besuch, ich bleibe für immer. Ich werde dich niemals verlassen.«

Eine leidenschaftliche Dulderin ist sie, eine Liebende, aber noch mehr eine Duldende. Als Religion werden sie beide die gemeinsame Arbeit an Wagners Werk und Sendung begreifen, als eine Offenbarung, die der unwerten Menschheit widerfährt und für die dennoch kein Opfer zu groß ist.

Als sie also endlich zusammen sind – ein ungeheuerlicher Skandal, wie das jahrelange vorausgegangene Verhältnis –, hat sie schon zwei Töchter von Wagner, Isolde und Eva, und sie ist ein drittes Mal schwanger vom angebeteten Geliebten. Beider Verbindung – er 24 Jahre älter als sie – gleicht in jeder Phase einer grandios-pompösen Inszenierung, einem Feuerwerk von Profihand gezündet. Die einzelnen Akte übertreffen einander an Dramatik und Pathetik, die Pracht der Bühnenbilder leuchtet in Gold und Samtrot und Tiefschwarz, das Licht kommt immer von mindestens 1000 Kerzen zugleich, und die Darsteller hat man sich je nach Situation in vollendeter Hoheit, rasender Wut, grimmigstem Aufbegehren, bitterstem Schmerz, vor allem aber natürlich in glühender, sengender, hingebungsvollster, nie dagewesener Liebe vorzustellen. Ein Zusammenspiel wie das ihre, befindet der Meister, glücke nur alle 5000 Jahre einmal.

»Unaussprechliche«, nennt er sie, und sie hält es im Tagebuch fest: »Kostbare«, »Erlesenste«, »Unvergleichliche«. Im Februar nach ihrem Einzug schreibt sie: »Nach Tisch überschüttet mich Richard mit seiner himmlichen Liebe. Er behauptet, ich würde alle Tage schöner. In seinem Glück wolle er sterben. Es gebe wenig Göttliches, allein Cosima sei es.«

»Laß mich sterben«, ruft Cosima mit beschwörend erhobenen Händen, als er sie am Weihnachtstag 1870 mit einem »Symphonischen Geburtstagsgruß« überrascht, und er, an ihre Seite eilend, weiß die passende Antwort: Es sei leichter, für ihn zu sterben, sagt er, als für ihn zu leben. Natürlich vergießt sie heiße Tränen bei diesen Worten, wie so oft, und er tut das gleiche.

Das Weinen ist ihr tiefes Herzensbedürfnis, sie weint aus Ergriffenheit über die Musik des Hochverehrten, sie weint in dem innigen Gefühl, seiner nicht wert zu sein, sie weint, weil sie Verrat begeht an Hans von Bülow. Milde sich selbst gegenüber nur, wenn sie sich opfern darf: »Wie glücklich fühle ich mich doch, gar nicht mehr persönlich zu sein und einzig meine Freude aus R.'s Gedeihen und der Kinder Wohl zu schöpfen.«

Meistens aber spricht sie vom Segen, von der »Wollust des Leidens« gar.

Stumm, stolz und leidend, so ist sie schon als Kind. Ihr Vater Franz Liszt und Wagner sind befreundet. Bei einem ihrer Treffen sind auch die Kinder dabei. Cosima ist 16, dünn und ungelenk, mit langer Nase und sensationell schimmerndem Blondhaar. Die Geschwister nennen sie »Storch« oder »Bohnenstange«. Noch hat Wagner keinen Blick für sie, er bemerkt nur, daß sie »sehr schüchtern« ist.

Der zweite Mann in Cosimas Leben, der sie mit dem selbstbewußten sächsischen Zauberer zusammenbringt, ist ausgerechnet ihr Ehemann, Hans von Bülow. Das Paar ist gerade auf der Hochzeitsreise, und Bülow, Schüler und hingebungsvoller Verehrer Wagners, will seiner jungen Frau den Menschen vorstellen, der ihn am meisten mit Bewunderung erfüllt.

In Zürich lebt der Meister. Cosima, sehr fein, sehr klug

und wohl vertraut mit den Manieren der besseren Gesellschaft, kann die Sympathien ihres Mannes für den Außerordentlichen nicht teilen. Bäurisch, ordinär kommt er ihr vor, großspurig und laut und geradezu degoutant, wenn er amüsant sein will. Natürlich behält sie ihre Vorbehalte für sich, aber sie gibt sich betont reserviert, und Wagner ist immerhin so sensibel, das zu bemerken:

»Zuvor muß ich Dir noch sagen«, schreibt er wenig später an Bülow, »daß mich Cosimas Zurückhaltung vor mir wirklich betrübt, seitdem ich sicher zu sein glaube, daß sie sich ernstlich vor mir befangen fühlt. Sollte ihr meine Art zu fremdartig gewesen sein, hier und da eine schroffe Äußerung, ein kleiner Hohn sie verletzt haben, so hätte ich recht zu bereuen, mich in meiner Zutraulichkeit etwas zu viel habe gehenlassen: was ich dann jedesmal herzlich gern einsehe und bereue, wenn ich mir eine aufrichtig werte Person dadurch entfremdet habe … Meine ganze rücksichtslose Zutraulichkeit zu mir sympathischen Personen hat mir schon manche Entfremdung zugezogen: Möge die Deiner lieben jungen Frau mir von keiner langen Dauer sein!«

Hans von Bülow ist glücklich, daß dem Meister so viel an Cosimas Gunst liegt, und das Wissen um die leise Antipathie, die seine Frau erfüllt, wird es ihm leichtgemacht haben, sie und ihn allein zu lassen an jenem 28. November 1863, der zum unumkehrbaren Wendepunkt in ihrer aller Leben wird.

Wagner ist nach Berlin gekommen, wo der Freund mit seiner Familie lebt, und Bülow überredet ihn zu bleiben. Es sind etliche Jahre vergangen seit der Hochzeitsreise, als Cosima sich einerseits so zurückhaltend gab und andererseits mit glühendem Eifer und fliegendem Atem die *Tristan*-Partituren und -Texte studierte. Von Bülow eilt zur Probe an diesem winterkalten Abend, Wagner und Cosima unternehmen eine Kutschfahrt, die sie weit hinaus führt aus der Stadt. Beide sind erstaunt darüber, wie unwiderstehlich stark sie sich plötzlich zueinander hingezogen fühlen, wie sehr es sie danach verlangt, wortlos im anderen zu versinken, nur für den Augenblick zu leben und mit der flüchtigsten Berührung des anderen die schönsten Hoffnungen zu verbinden.

Das Geschaukeltwerden auf dickem Polster, die rhythmischen Schläge der Pferdehufe auf dem Pflaster, die große physische Nähe im abgeschiedenen Gefährt, Kälte und Dunkelheit ringsumher mögen in beiden das Gefühl erzeugt haben, in zärtlicher Zweisamkeit und unauflösbarer Vertrautheit geborgen zu sein.

Nach dieser Kutschfahrt ist es weiter nichts als eine natürliche Fortsetzung, die Mäntel abzustreifen, als man zu Hause angekommen ist, auch die übrigen Kleider und sich in die Arme zu sinken. Cosimas brauner Samtmuff rollt dabei hinter einen Sessel. Von Bülow wird ihn am nächsten Morgen dort finden und erstaunt die Augenbrauen heben.

Wir blickten uns stumm in die Augen, und ein heftiges Verlangen nach eingestandener Wahrheit übermannte uns zu dem keiner Worte bedürfenden Bekenntnisse eines grenzenlosen Unglücks, das uns belastete. Unter Tränen und Schluchzen besiegelten wir das Bekenntnis, uns einzig gegenseitig anzugehören. Uns war Erleichterung geworden.

So notiert Wagner später das erste Beisammensein. Cosima ihrerseits schreibt ins Tagebuch, daß es dieser Abend gewesen sei, »an dem wir uns fanden und verbanden«. Von Bülows Rückkehr ist vor Mitternacht nicht zu erwarten, die Töchter sind in der Obhut einer Kinderfrau: Cosima und Wagner, beide bebend vor Begierde, werden ein Liebespaar und kosten bisher unbekannte Wonnen. In späteren Jahren feiern sie den 28. November wie einen Hochzeitstag.

Für ihn, den es stets zu Frauen zieht, die gebunden sind, und den es doch mit seinen inzwischen 50 Jahren nach stetiger weiblicher Bewunderung und Fürsorge verlangt, erfüllt sich der unerhörte Wunsch, die Frau seines Freundes zu gewinnen, ohne den Freund darüber zu verlieren. Cosima fühlt sich seit langem schon eingeengt in ihrer Ehe. Dennoch verweigert von Bülow lange Zeit die Scheidung, und München – wohin er und seine Frau inzwischen gezogen sind – erlebt einen Jahrhundertskandal. Cosima, noch mit dem Gatten unter einem Dach, geht bei ihrem Geliebten ein und aus und bringt dessen Kinder in Anwesenheit des Gatten zur Welt. Nach der Geburt des zweiten tritt er an ihr Bett. Er würde ihr verzeihen, sagt er mit zitternder Stimme. Aber sie weist ihn zurecht, und ihre Stimme ist deutlich und klar. Es komme nicht darauf an zu verzeihen, sagt sie. Es komme darauf an zu verstehen.

»Cosima fan tutte« spottet man in München über die Frau mit den beiden Männern, indes Cosima und Wagner es fertigbringen, sogar den König, Ludwig II. von Bayern – ein enthusiastischer Verehrer der Wagnerschen Klangdome – auf ihre Seite zu ziehen.

O meine Cosima! Wir werden glücklicher sein, als es je Sterbliche waren, denn wir Drei sind unsterblich ... O Cosima! Nun sind nur noch die Werke zu schaffen. Glücklicher können wir nicht mehr werden. Es ist nicht möglich. Der Lenz des Dreilebens steht in vollster Blühte: der Sommer kann nur noch die Früchte reifen ... Schweigen! Wir sind nicht von dieser Welt, – Du, Er [Ludwig II.] – und Ich.

Als sie ihren Mann verläßt, muß die Unbeugsame einmal nachgeben und ihre beiden ältesten Töchter zunächst zurücklassen. Aber sie wäre nicht die, die sie ist, wenn sie die Scheidung nicht doch durchzusetzen und die Kinder unter ihre Obhut zu holen verstünde.

Alles fügt sich: Der Meister kommt zur Ruhe mit ihr an seiner Seite, er kann arbeiten, was für sie das höchste Glück bedeutet. Sie organisiert das familiäre und gesellschaftliche Leben, erledigt die Korrespondenz. In vollendeter Eleganz bewegt sie sich unter ihren Gästen. Wagner liebt den großen Auftritt, und das

Paar bezieht kostbare Stoffe und Schuhe aus Paris oder Leipzig. Seine Geburtstage im Mai werden jedesmal mit denkbar größtem Aufwand begangen: Cosima steht um fünf Uhr auf, schmückt den gesamten Treppenaufgang mit Blumen und einem Meer von Kerzen, und die Kinder führen kleine Inszenierungen auf, die wochenlang geprobt werden. Des Abends, wenn sie allein sind, liest Richard ihr Shakespeare vor oder Homer. Häufiger Gast im Haus ist ein junger Professor aus Basel, Friedrich Nietzsche, der dem Paar Verehrung entgegenbringt und dem Meister zu Diensten ist.

Im Sommer 1869, wieder einmal ist der Professor zu Besuch, kommt Cosima mit einem Knaben nieder. Die Morgensonne scheint durch rosafarbene Seidenvorhänge auf das gepriesene Kind: »Mein Siegfried«, jubelt die erschöpfte Mutter, »Krone meines Lebens, zeige du, wie ich deinen Vater geliebt.« »Fidi« wird das Neugeborene im Familienkreis genannt. Fidi ist ein Jahr alt, als endlich die Scheidung von Hans von Bülow ausgesprochen wird. Cosima ist frei, den Mann ihres Lebens zu heiraten.

Am 25. August – König Ludwigs Geburtstag – findet in der evangelischen Kirche in Luzern die Trauung statt, morgens um acht Uhr. Cosima, vollendet schlank – und wenn sie Schuhe mit Absatz trägt fast zwei Köpfe größer als Wagner –, erscheint in einer Spitzenrobe von erlesenem Stil.

In eingeschworener Gemeinschaft geht das hohe Paar nunmehr an das größte Werk, das zu vollenden Cosima und Richard sich auferlegt haben: Bayreuth, die Festspiele, das Gesamtkunstwerk. Wagner vollendet den *Ring des Nibelungen*, sein Lebenswerk, Cosima weint. »Wir lieben uns zu heftig«, sagt Richard, »das verursacht unsere Leiden.«

Eine kleine Irritation ihrer Liebe gibt es gleichwohl: Wagner, trotz seiner ausgeprägten Haßgefühle gegen die Franzosen im allgemeinen, verliebt sich heftig in die gemeinsame französische Freundin Judith Gautier. 63 ist er zu dem Zeitpunkt und braucht eine neue Quelle der Inspiration. Wenn er ein neues Werk beginnt, ist er einer solchen stets bedürftig. Diesmal will der *Parsival* zu Papier gebracht werden, seine letzte Oper, und ihr Schöpfer genießt die frische erotische Erfahrung. Er schwärmt von Judiths Aprikosenhaut, ihrem Schneewittchenhaar, den großen dunklen Augen.

Später beschreibt er seine Liebe zu ihr »als das betörendste und stolzeste Ereignis meines Lebens«. Cosima notiert dazu:

»Das Leid, vor welchem mir bangte, blieb nicht aus; von außen brach es herein! ... Schmerz, du mein alter Geselle, kehr nun wieder ein und wohne bei mir; ... Läutere mich nun, mach mich deiner wert, ich fliehe dich nicht, wann aber bringst du den Bruder, den Tod?«

Nachhaltig verstört ist sie aber nicht, denn tief im Innern weiß sie, daß der geliebte Gatte die seelische Heimat nur bei ihr findet.

Eine letzte gemeinsame Reise – Wagner geht es gesundheitlich nicht gut – führt das Paar nach Italien. Im Palazzo Vendramin in Venedig mietet man 18 Zimmer im oberen Stockwerk, mit Blick auf den Canal Grande.

Am Nachmittag des 13. Februar 1883 hört Betty, das Hausmädchen, ein lautes Stöhnen aus Wagners Zimmer. Sie stürzt herein, und als sie sieht, daß er am Schreibtisch

zusammengesunken ist, kehrt sie sofort um und ruft nach Cosima. Der Knabe Siegfried wird nie vergessen, mit welcher Heftigkeit die Muter das Zimmer verläßt: Sie prallt gegen einen Türflügel, und dieser, schon vorher leicht lädiert, springt entzwei.

Cosima trifft den Gemahl noch lebend an. Man bettet ihn aufs Sofa, sie umarmt ihn, der herbeigerufene Arzt kann nur noch den Tod feststellen: Herzversagen. Die letzten Zeilen aus seiner Feder, die man auf dem Schreibtisch vorfindet, gelten einem gesellschaftlichen Problem: »Gleichwohl geht der Prozeß der Emanzipation des Weibes nur unter ekstatischen Zuckungen vor sich. Liebe – Tragik.«

Letzter feierlicher Akt im Liebesdrama: der Abschied. Cosima schneidet von ihrem prächtigen Haar ab und legt es zu ihm in den Sarg, schwarzdrappierte Gondeln transportieren die Leiche durch den winterlichen Frühnebel Venedigs. Während der Fahrt nach Bayreuth überall Beileidsbekundungen. Am 17. Februar am frühen Morgen, es ist noch dunkel, langsame Fahrt durch München. Fackelträger säumen die Strecke. Bayreuth: schwarzbeflaggt. Beisetzungszeremonie im hinteren Teil des Gartens der Villa Wahnfried, Cosimas und Richards Wohnhaus.

Für Monate versinkt die Witwe – 45 Jahre ist sie alt – in Schweigen. Sie erstarrt, niemand darf sie anreden oder irgend etwas im Haus verändern. Dann tritt sie hervor als die Herrin von Bayreuth. Ihre Demut schwindet, und was darunter zum Vorschein kommt, ist ein Profil aus Granit.

»Was für ein Glückspilz bin ich!«

ELSIE ALTMANN UND ADOLF LOOS

Sie ist allein gekommen, und sie weiß, daß es der Mutter nicht recht wäre, wenn sie es wüßte. Ein junges Mädchen geht nicht allein zu einem Mann in die Wohnung. Allerdings ist dieser Mann in allerhöchstem Maß vertrauenswürdig: eine Autorität. Er baut und entwirft Häuser, er hält Vorträge über Architektur und die wahre Art zu leben. Er ist berühmt und berüchtigt auch, aber in keinem zweifelhaften Sinn. Nur sind seine Entwürfe eben so aufregend neu, so revolutionär, daß sie oft zum Skandal werden im traditionsgesättigten Wien.

Die kleine Elsie kennt ihn, seit sie zehn Jahre alt ist. Auf einem privaten Fest, das in ihrer Schule gefeiert wird, sieht sie ihn auf dem Boden sitzen. So etwas ist für einen Erwachsenen absolut ungewöhnlich. Er hockt da mit seinem trotzigen Gesichtsausdruck, und weil er schwerhörig ist, hält er eine Hand wie eine Muschel hinters rechte Ohr. »Wer ist das?« fragt sie. »Adolf Loos«, gibt man ihr zur Antwort.

Von Zeit zu Zeit sieht sie ihn wieder, und jedesmal fällt ihr von neuem auf, daß er so ganz anders ist als andere Erwachsene, so überaus liebenswürdig und dabei ganz ernst, mit kräftigen Handwerkerhänden und so eleganten Anzügen, wie

sie sie noch an niemandem vorher gesehen hat.

1916 hört sie zusammen mit anderen Schülerinnen einen Vortrag. Loos spricht »vom Gehen, Stehen, Sitzen, Liegen, Essen und Trinken« und beweist einmal mehr, daß alltägliche Dinge durchaus näherer Betrachtung wert sind. Alle Mädchen sind ein bißchen verliebt in diesen Mann. Aber Elsie allein hat das sichere Gefühl, daß es da eine Verbindung geben muß zwischen ihm und ihr.

Als sie sich ein Jahr später im Kriegsherbst 1917 zu seiner Wohnung in der Bösendorferstraße aufmacht, geht es vordergründig um einen japanischen Wandschirm, der sie entzückt und über den sie gerne hören möchte, ob er ihr Entzücken auch wert ist. Adolf Loos soll ihn begutachten und sein fachkundiges Urteil abgeben. Sie steht schon vor der Wohnungstür, da steigen wieder Zweifel in ihr auf: Durchschaut er ihre eigentliche Absicht, einmal mit ihm allein sein zu wollen? Findet er sie womöglich ein bißchen aufdringlich? Oder ist er seinerseits weniger an japanischen Wandschirmen als vielmehr an ihr interessiert?

Sie wagt an diese wunderbarste aller Möglichkeiten kaum zu denken, und als er dann vor ihr steht, den Hut schon auf dem Kopf, tadelt sie sich selbst wegen ihrer anmaßenden Vorstellung: Man würde jetzt gemeinsam das Haus verlassen, was denn sonst, der berühmte Lehrer und seine gelehrige Schülerin.

Aber er zögert, bittet die Kleine mit den Schnürstiefelchen herein, setzt den Hut wieder ab, geht zum Fenster, sieht hinaus und dreht ihr eine ganze Weile den Rücken zu. Elsie betrachtet seine Silhouette gegen das Licht: Er ist groß und schmal und wie immer vollendet elegant. Als er sich wieder zu ihr umdreht, strahlt sein Gesicht, und sie weiß nicht, was sie sich wünschen soll.

Langsam kommt er auf sie zu, und als er sie in seine Arme nimmt, wünscht sie sich nichts, als daß die Zeit stillsteht, für diesen Moment und den nächsten und den übernächsten. Sie ist vollkommen überwältigt, kaum daß sie es wagt, ihrerseits die Arme zu heben und ihn zu umfangen. Jetzt nimmt er ihr Gesicht zwischen seine Hände und schaut zwischen ihren beiden Augen hin und her. Ganz ruhig stehen sie da. Sie spürt seinen Atem, und als er bemerkt, daß sie leise zittert – vor Aufregung und weil es kalt ist im Zimmer –, hebt er sie hoch und trägt sie zu einer überbreiten Couch hinüber, die mitten im Raum steht.

Unter dicken Decken schmiegen sie sich aneinander. Elsie spürt durch den Stoff seiner Jacke, wie sein Herz klopft, und ihr Atem geht schneller. Ganz vorsichtig, als sei sie zerbrechlich, hat er sie an sich gedrückt, und so liegen sie im Halbdunkel, ohne zu sprechen und ohne sich zu rühren.

Sie erschrickt nicht, als er plötzlich aufsteht. Nach und nach ist sie ganz ruhig geworden in seinen Armen. Er zieht sich die Schuhe und ihr die Schnürstiefel und die Strümpfe aus und reibt ihr die Füße warm. Sie ist gerührt von so viel liebevoller Sorgfalt und weiß noch immer nicht so richtig, was da eigentlich über sie gekommen ist. Er umarmt sie wieder, und sie küssen sich zum ersten Mal. Er fragt sie, warum sie die Arme nicht um seinen Hals legt: »Bin ich dir zuwider?« Jetzt erschrickt sie doch, denn Widerwille ist gewiß das allerwenigste, was sie fühlt, und wenn sie sein geliebtes Gesicht mit den geschlossenen Lidern, seine schmalen, feinen Lippen so vor sich sieht, dann will ihr Herz vor Zärtlichkeit zerspringen.

Sie hört das Klingeln der Straßenbahn unter dem Fenster wie aus weiter Ferne, und es kommt ihr vor, als seien sie beide auf einer Insel mitten auf einem weiten Strom. »Elsie«, sagt der Mann leise, und als sie spürt, daß seine Umarmung leidenschaftlich wird, macht sie sich los und springt auf.

Es gehe nicht, sagt sie und zieht sich hastig das Kleid glatt, sie sei einem jungen Mann versprochen und der sei im Feld. Im übrigen sei sie überhaupt noch nie mit einem Mann allein gewesen. Loos ist ebenfalls aufgestanden und ergreift ihre Hand.

»Hab keine Angst«, sagt er, »ich tu dir nichts.« Und dann hält er ihr einen Vortrag. Einen von vielen, die sie während ihres gemeinsamen Lebens noch hören wird, denn der Mann mit den großen warmen Händen ist nicht nur ein begnadeter Baumeister, sondern auch ein brillanter Rhetoriker, und eigentlich gibt es nichts, was ihn nicht zu einer grundsätzlichen und ausführlich begründeten Stellungnahme veranlassen könnte.

Aber zuerst legen sie sich wieder auf das weiche Lager, und seine Hand findet jene Stelle zwischen ihren Beinen, die bei entsprechender Berührung einem geheimnisvollen Magnetismus zu gehorchen scheint.

Ich will dir nur etwas sagen, das sehr wichtig ist, das Geschlecht der Frau ist es

nämlich, worum sich alles dreht. Das Wichtigste auf Erden. Wenn es das nicht gäbe,
würde niemand arbeiten, denn niemand würde es interessieren, Geld zu verdienen.
Wozu, wenn man es niemandem geben kann? Wer würde sich etwas kaufen wollen,
wenn er damit keinen Eindruck auf eine Frau machen könnte?... Nein, ohne DAS
wäre die Welt schon längst stillgestanden. Das ist der springende Punkt. Vergiß das
nicht. Und jetzt ist es Zeit, daß du nach Hause gehst!

Als Elsie Altmann und Adolf Loos im Juli 1919 heiraten – vorher muß er noch
von seiner ersten Frau Lina geschieden werden –, fragt ihn ein Freund, ob ihm
der große Altersunterschied keine Angst mache: »Bedenken Sie, wenn Sie 60
sind, ist sie 30!«

»Wenn es soweit ist, werde ich mir schon zu helfen wissen.«

»Ja, aber wie?«

»Da lasse ich mich einfach scheiden und suche mir eine Jüngere...«

Eine Pointe, der das Leben dann tatsächlich entsprochen hat. Elsie Altmann
spricht in ihrer Autobiographie von einer bitteren Wahrheit, und sie nennt den
erstaunlichen Grund für die Trennung nach neun Jahren: Sie war ein fügsames
Kind gewesen, als sie zusammenfanden, er ein gütiger, väterlicher Lehrer. Sie hat
ihn grenzenlos bewundert, er sie aufs zärtlichste verwöhnt. Aber als sie erwachsen geworden war, selbständig und als Tänzerin erfolgreicher, als ihm offenbar
lieb sein konnte, kamen unüberwindliche Probleme zwischen ihnen auf.

Kein Gedanke an diese unerfreulichen Uneinigkeiten, als sie noch die Nach-
mittage auf der breiten Couch verbringen und sich vorstellen, was sie gerne essen möchten, wenn der Krieg vorbei sein würde. Vom Sofa aus erklärt er ihr die
Welt, und Elsie, als sie Jahrzehnte später in Argentinien – wohin sie in der Nazi-
zeit emigriert – ihre Erinnerungen aufschreibt, erinnert sich seiner mit Respekt
und anhaltender Zuneigung:

Hätte ich ihn nicht kennen- und liebengelernt, hätte ich nicht so viele Jahre mit ihm gelebt, was wäre aus mir geworden? Noch heute, so viele Jahre nach seinem Tod im fernen Land, vergeht kein Tag, keine Stunde, da ich nicht an ihn denke. Noch heute beeinflußt er mein Denken und Handeln, meine Haltung zu allen Lebensfragen, und die Erinnerung an ihn hilft mir oft, schwierige Probleme zu lösen. Wenn ich irgendwie unsicher bin, denke ich sofort: Was hätte Loos in diesem Fall gesagt oder getan?

Natürlich ist sie begeistert, als er ihr nach monatelangen heimlichen Zusammenkünften erklärt, er wolle sie heiraten.

»Aber zuerst mußt du eine berühmte Tänzerin werden, denn ich kann unmöglich ein kleines Bürgermädl heiraten.«

Sie macht sich sofort ans Werk, gibt Tanzunterricht, mietet vom verdienten Geld einen Saal und einen Pianisten, schneidert sich Kostüme, bereitet eigene Choreographien vor und hat großen Erfolg damit. Loos spricht später immer nur von »Elsies Hopserei«, aber das stört sie nicht.

Am Hochzeitstag holt der Bräutigam sie im roten offenen Wagen von zu Hause ab, und während der Fahrt zum Rathaus legt er ihr eine Kette aus runden Türkisen um den Hals. Auf dem Standesamt gibt es dann Schwierigkeiten: Katholiken, so erfährt die Hochzeitsgesellschaft, können nur heiraten, wenn ein Priester bescheinigt, daß er dieses Paar – zum Beispiel deshalb, weil einer der Partner geschieden ist –, nicht trauen darf. Es gilt also, in kürzester Zeit den zuständigen Priester ausfindig zu machen. Loos und die Trauzeugen machen sich auf, ihn zu finden, Elsie wartet im Rathauspark und glaubt schon nicht mehr daran, daß ihre Ehe noch an diesem Tag zustande kommt. Zehn Minuten bevor das Standesamt schließt, tauchen Bräutigam und Trauzeugen mit dem Dokument wieder auf.

Der weitere Verlauf des Hochzeitstags ist auch nicht ganz das, was junge Mädchen sich erträumen. Loos hat nämlich eine Baustelle zu betreuen, wer hätte da Zeit für ausgedehntes Festefeiern? Mit der Straßenbahn fahren sie hin, und Loos klettert gleich aufs Dach, wo er Maurer und Dachdecker in heiße Diskussionen verwickelt. Elsie sitzt abseits der Szene auf einem Schutthaufen. Aber sie grollt nicht. Sie beobachtet den Geliebten, wie er seine innigste Leidenschaft lebt, und ist wieder einmal glücklicher, als sich in Worte fassen läßt.

Jeder Tag ist fortan ein Ereignis für sie, das Zusammensein mit ihm vollkommene Seligkeit. Unbeschreiblich einfach, sie betont es immer wieder. Darin dem Duft einer Rose ähnlich oder himmlischer Musik.

Manchmal findet man im Wald zwei zusammengewachsene Bäume. Die Wurzeln schlingen sich unter der Erde umeinander. Der junge Stamm

schmiegt sich an den älteren, die Zweige umranken einander, sprossen gemeinsam im Frühling und beugen sich geduldig unter der Schneelast. So war unsere Ehe.

Nach dem Krieg zeigt er ihr das Wiener Nachtleben. Man trinkt Champagner und kleidet sich hochmodisch, auch dann, wenn eigentlich kein Geld dafür da ist, man trifft Komponisten, Maler, Schauspieler, Literaten, man reist nach Paris, nach Nizza, in die Schweiz und nach Italien. Loos lehrt seine Frau die Kunst, ein Kunstwerk zu bestaunen, und die amerikanische Art, unterwegs zu sein: Niemals, so die Regel, ist ein Amerikaner eine Stunde vor Abfahrt des Zuges am Bahnhof wie etwa ein Österreicher. Vielmehr findet er sich wenige Minuten vorher lässig ein. Elsie faßt nicht viel Vertrauen in die amerikanische Methode zu verreisen, denn sie muß erfahren, daß man, wenn man sie anwendet, einen Zug öfter verpaßt als erreicht.

Die Briefe, die er ihr geschrieben hat, schreibt Elsie, sind alle verloren. Nur einen, den ersten, als ihre Liebe noch ganz jung war, zitiert sie aus dem Gedächtnis. Gemeinsam sind sie ins Ronachertheater gegangen, wo Akrobaten, Sänger und Tierbändiger auftreten. Elsie ist voller Mitleid für die Bären, die im rosa Kreppröckchen das Publikum amüsieren müssen, wo man ihnen doch ansieht, daß sie sich viel lieber auf einem Waldboden herumwälzen würden. »Mein Gott«, sagt sie, »warum hat es gerade diese Bären getroffen, uns den Wurstel machen zu müssen, warum gerade diese fünf unter den Bären dieser Welt?«

Noch am selben Tag schreibt ihr Loos:

Elsili, Elsili, ich liebe Dich. Bis gestern wußte ich nicht, wer Du eigentlich bist, aber als Du das über die Bären sagtest, ging mir ein Licht auf. Was für ein Glückspilz bin ich, ich habe einfach hineingegriffen und habe das große Los gezogen. Elsili, ich liebe Dich, und ich mußte es Dir sofort nach der Vorstellung schreiben, denn sonst hätte ich die ganze Nacht nicht schlafen können. Du gehörst zu mir. Dein Adolf Loos.

74

Als die Zeit der Bitterkeit anbricht, als Elsie aufhört, ihm Frau und Kind zugleich zu sein und er sie nicht mehr als zu sich gehörend empfindet, entschließt sie sich ziemlich bald zur Trennung. 1926 nimmt sie ein Engagement in Amerika an und bittet ihren Anwalt, die Scheidung während ihrer Abwesenheit vorzubereiten.

Vorausgegangen sind böse Vorwürfe: In nichts hat sie es ihm noch recht machen können, außerdem fängt er an, auf ihre Kosten zu leben. Er trinkt und geht in Bordelle wie in seiner Jugend. Nicht einmal ihre Figur gefällt ihm mehr. Sie solle sich die Beine brechen und strecken lassen, verlangt Loos. Nur mit langen Beinen könne noch ein echter Vamp aus ihr werden.

Elsie sieht die Entwicklung mit Ekel und Entsetzen. Zugleich tut er ihr leid, denn Krankheit, Depressionen und Einsamkeit drohen ihn zu verschlingen, bevor er sich 1929, vier Jahre vor seinem Tod, in eine neue Ehe flüchtet. Clair Beck, Tochter aus wohlhabendem Pilsener Bürgerhaus, ist ein paar Jahre jünger als Elsie. Loos ist nun schon sehr krank und außerdem vollkommen taub. Wenn es ganz arg um ihn steht, dann muß Elsie an sein Bett eilen. »Er ruft ja dauernd nach Ihnen«, sagt seine Frau.

Elsie erinnert sich an einen Nachmittag des Jahres 1925, gegen Ende ihrer glücklichen Ehezeit. Wieder liegen sie beide auf der berühmten Couch. Loos streicht seiner Frau übers Haar. »Elsie, ich glaube, ich muß mir einen neuen Frack machen lassen, ich bin dicker geworden, und der alte paßt mir nicht mehr richtig. Ein Frack hält ja beinahe immer sieben Jahre, und, weißt du, das wird der letzte Frack, den ich mir machen lasse …«

Aus Elsies Erinnerungen wissen wir: »Er hat richtig gerechnet.«

»Weißt du, was ich tun werde? Ich werde
für dich schreiben!«

GERTRUDE STEIN UND ALICE B. TOKLAS

Das Erdbeben hatte den Grundstein gelegt. Den Grundstein für die Beziehung.
Das große Erdbeben in San Francisco 1906. »Es kommt sicher sehr selten vor«,
sagt Alice B. Toklas, »daß ein Erdbeben einen Grundstein legt.« Die schmale alte
Dame hält ein gewaltiges Fotoalbum auf den Knien. Würde man es über ihr auf-
hängen, es bildete ein üppiges Dach für die zierliche Person.

Sie ist allein, sie spricht zu sich selbst. Sie ist meistens allein. Ein paar Freunde
kümmern sich um sie, aber sie macht es ihnen nicht leicht. Launisch und un-
leidlich ist sie geworden, seit sie die Wohnung in der rue Christine verlassen und
hierherziehen mußte in die rue de la Convention. Eine moderne kleine Wohnung mit kahlen Wänden.

Alice B. Toklas hört und sieht inzwischen nur noch sehr schlecht. Immerhin
ist sie weit über 80, und ihrer Arthritis ist auch durch ausgedehnte Badekuren in
Italien nicht mehr beizukommen. Sie hofft, daß ihr Vorrat an Zukunft nur noch
sehr klein ist. Ihre Gegenwart gefällt ihr erst recht nicht, also taucht sie, wann immer es geht, in die Vergangenheit hinab. In drei Blöcke unterteilt sie ihr
Leben. Die ersten 30 Jahre: Jugend. Die letzten 20: Alter. Die Zeit dazwischen,

76

40 Jahre immerhin: Die Zeit mit Gertrude Stein. Der Kern. Die Mitte. Ihr eigentliches Leben. Sie waren ein so selbstverständliches Paar, sagt Alice. Zwischen ihnen gab es keine Beteuerungen, keine Schwüre und keine Versprechungen, keine wilde Leidenschaft, die nach außen hin hätte dokumentiert werden müssen. Alles das erübrigte sich.

Sie blättert noch mal auf das Erdbebenfoto zurück. Schuttberge und Brandmauern. Einzelne Gebäude, die stehengeblieben sind, ragen wie Menhire hervor. Nein, sie haben sich nicht in San Francisco kennengelernt, wo Alice geboren ist. Vielmehr ist Gertrudes ältester Bruder Michael mit seiner Frau Sarah aus Paris nach San Francisco gekommen, um zu sehen, was nach der Katastrophe noch übrig war vom Immobilienbesitz.

Sie hatten ein paar von den aufregenden neuen Bildern aus der Alten Welt dabei, Bilder des französischen Malers Henri Matisse vor allem, und das sorgte für Aufsehen. Sie selbst, Alice, habe zu den Freunden und Bekannten gehört, die Michael und Sarah besuchten. Was die alles zu erzählen wußten! Von den Ateliers der Maler, den Galeristen, Literaten, Journalisten, Musikern und Bohemiens. Vom Leben an der Seine. Von den Salons und Croissances. Alice kam es vor, als erzählte ein Bäcker tief in Sibirien von der aromatischen Hitze, die ein Backofen verströmt.

Die junge Frau im taubengrauen Kleid ging nach Hause und erzählte nun ihrerseits ihrem Vater, wie gut es ihr tun würde, für eine Weile in Europa zu leben, in Paris. Genau im richtigen Augenblick starb der Großvater. Ein taktvoller Mann. Sie erbte eine kleine Summe Geld und machte sich zusammen mit einer Freundin ins Land der Sehnsucht auf.

Es verstand sich von selbst, daß sie den Geschwistern Stein einen Besuch abstatteten. Gertrude lebte damals zusammen mit ihrem Bruder Leo in der rue de

Fleurus. Sie hatten Amerika schon vor Jahren den Rücken gekehrt. Jeden Samstag traf sich bei ihnen die crème de la crème der Pariser Avantgarde. Maler und Schriftsteller vor allem. Picasso war ein besonderer Freund von Gertrude. Seine Bilder und die der anderen Maler hingen an den Wänden. »Es war ein Museum mit Haushalt«, sagt Alice.

Hemingway, erzählt sie, verdankte Gertrude Stein die wichtigsten Impulse für sein Werk. Sie bestätigte ihn darin, den Journalismus aufzugeben und Schriftsteller zu werden. Wie eine friaulische Bäuerin habe sie ausgesehen, schrieb Hemingway, und ihre Kleider erinnerten ihn an das »Armendeck eines Einwandererschiffs«: wallende Röcke, nackte Füße, Sandalen. Das Foto dazu: Gertrude auf dem Land in grobem Tweedkostüm. An der Leine Basket, der weiße Pudel.

»Wir sind immer sehr gern und sehr weit gelaufen«, sagt Alice, »von Florenz in der Toskana nach Assisi in Umbrien zum Beispiel. Oder in New York von der 44th Street zum Colony Club, Kreuzung Park Avenue und 66th Street, wo Gertrude einen Vortrag hielt, immerhin mehr als 22 Blocks. Wir trugen flache Schuhe, wir waren gut zu Fuß …«

Alice blättert weiter. Voilà: ein paar Fotos von 1914. Gertrude im weiten Samtgewand wie ein Mandarin am Schreibtisch. Die Wände hinter ihr über und über mit Gemälden bestückt. Matisse, Renoir, Cézanne, Daumier, Picasso. »Picasso hat Gertrude gemalt«, wispert Alice, »das Genie Picasso hat das Genie Gertrude Stein gemalt, und das Genie Stein hat umgekehrt das Genie Picasso literarisch portraitiert.«

Aber sie will nicht vorgreifen. Sie will der Reihe nach erzählen. Sie erzählt es sich jeden Tag. Ihre Gedanken springen zurück ins Jahr 1907. Sie sieht sich Gertrude gegenüber. Sie zitiert sich selbst, so wie sie das erste Treffen in ihren Erinnerungen beschrieben hat:

Es war Gertrude Stein, die meine ganze Aufmerksamkeit auf sich zog. Sie war groß und schwer mit delikaten kleinen Händen und einem schönen und einzigartigen Kopf.

Außerdem seien da noch ihre Stimme und ihre Korallenbrosche gewesen. Sehr beeindruckend, das eine wie das andere.

Gertrude und Alice und Leo unternahmen von nun an vieles zu dritt, dann zog Alice in die rue de Fleurus ein und Leo zog aus. Alice schrieb Gertrudes Texte ab, wobei sie sie immer auch redigierte: Sie war Gertrudes Lektorin und für lange Zeit auch ihre einzige, immer jedoch ihre erste Leserin. Sie lebten in der vollendeten Harmonie der Kontinuität: Lesen, Schreiben, Reisen, die Mahlzeiten, die Jahreszeiten, die Gäste, der Haushalt, die Hunde, der Jour fixe am Samstagabend.

Ernest Hemingway bemerkt, daß es vor allem Gertrude war, deren Stimme man hörte, wenn man zu Besuch war: »… ihre Freundin war klein, sehr dunkel, trug die Haare so geschnitten wie die Jungfrau von Orleans auf den Illustrationen von Boutet de Monvel … Sie arbeitete an einem Stück petit point … sorgte für Essen und Trinken … sie führte ein Gespräch und hörte zweien zu …«

Die Köchinnen, die Gertrude und Alice im Verlauf von 40 Jahren beschäftigten, mußten gut sein, denn Miss Stein war eine »gourmande«, Miss Toklas dagegen ein »gourmet«. Im Album das Foto vom Ausflug nach Venedig, 1908. Wohl so etwas wie eine Hochzeitsreise. Beide Damen mit Hut. Miss Stein in weitem Samtrock, die Arme ausgestreckt, Tauben auf ihren Händen. Miss Toklas im Hintergrund, schmal, ernst, mit hängenden Armen. So ruhig und zurückhaltend sei Alice in Gesellschaft gewesen, erinnert sich Mable Dodge, eine Freundin der beiden, daß sie sie am Anfang eher für eine Angestellte gehalten habe. »Sie war immer dabei, jemanden zu bedienen, vor allem Gertrude und Gertrudes Freunde. Sie war immer bereit, Besorgungen zu machen und durch ganz Paris zu laufen, um jemandem ein bestimmtes Parfüm zu kaufen oder irgendwelche Kleinigkeiten … Am Anfang war sie so hartnäckig zurückhaltend, daß man sie für ein bildhaftes Objekt im Hintergrund hielt …«

Alice lächelt versonnen. »Ja«, sagt sie, »klare Rollenverteilung vom ersten Tag an, ohne daß je darüber hätte gesprochen werden müssen.« Miss Stein empfing die Größen der Kunst- und Literaturszene und machte Konversation. Miss Toklas kümmerte sich derweil um deren Begleiterinnen.

Ich hatte oft gesagt, ich würde ein Buch schreiben über die Frauen von Genies, neben denen ich gesessen habe. Ich habe neben so vielen gesessen. Ich saß neben Frauen von Genies, die keine richtigen Ehefrauen waren, aber die Genies waren richtige Genies. Ich habe neben richtigen Frauen von Genies gesessen, die keine richtigen Genies waren. Ich habe neben Frauen von Genies gesessen, die beinahe Genies waren oder zukünftige Genies waren, kurz und gut, ich habe sehr oft neben mancherlei

Frauen und neben Frauen von man-
cherlei Genies gesessen …

1933 erschien das Buch, das zu Gertrude Steins größtem Erfolg wurde:
Die Autobiographie von Alice B. Tok-
las. Ein Verwirrspiel. Dichtung und
Wahrheit innig verflochten. Gertrude
Stein schuf in klarer und allgemein-
verständlicher Sprache – also in radi-
kaler Abkehr von ihrem experimen-
tellen Stil – ihre eigene Legende.
Alice B. Toklas ist die Erzählerin, die
Autorin nimmt also den Blickwinkel
der Freundin ein – und beschreibt
das Leben der Gertrude Stein. Eine
Biographie aus dieser Perspektive ist
einzigartig in der gesamten Literatur-
geschichte:

Ich bin eine ziemlich gute Hausfrau
und eine ziemlich gute Gärtnerin und
eine ziemlich gute Herausgeberin und
eine ziemlich gute Tierärztin für Hun-
de und immer soll ich alles auf einmal
sein und ich finde es schwierig, oben-
drein auch noch eine ziemlich gute Autorin zu sein. Vor etwa sechs Wochen sagte
Gertrude Stein, es sieht mir gerade nicht so aus, als ob du jemals deine Autobiogra-

81

phie schreiben würdest. Weißt du, was ich tun werde? Ich werde sie für dich schreiben … Und das tat sie und hier ist sie.

Viele Jahre vorher entstand ein Porträt der Freundin, wie Gertrude von vielen Menschen ihrer Umgebung Porträts skizzierte. »Ada« nannte sie das von Alice. Es endet mit einer Umkreisung dessen, was Gertrude als Adas Glück beschreibt: »Sie wurde glücklicher als irgendein anderer Mensch, der damals lebte. Es fällt leicht, dies zu glauben. Sie erzählte es jemandem, der jede Geschichte, die reizvoll war, liebte. Jemandem, der lebte und beinahe stets lauschte. Der, der liebte, erzählte davon, daß er jemand sei, der damals lauschte. Der, der liebte, erzählte damals Geschichten, die einen Anfang, eine Mitte und ein Ende hatten. Zittern war Leben, Leben war Lieben, und einer war damals der andere. Gewiß liebte damals dieser eine diese Ada. Und gewiß war damals Adas ganzes Leben glücklicher durch das Lieben, glücklicher, als es jemals ein anderer sein könnte, der war, der ist, der jemals leben wird.«

»Zittern war Leben«, sagt Alice leise, »Leben war Lieben, und einer war der andere …« Sie schlägt unvermittelt ein Foto auf von 1927. Man Ray, der große Fotograf, hat es gemacht. »Mein Lieblingsfoto von Gertrude«, sagt Alice. Er zeigt die Dichterin mit kurzem Haar. Die *Autobiographie von Alice B. Toklas* beschreibt den Wandel der Frisur:

Schneide es ab, sagte sie, und ich tat es. Am nächsten Abend schnitt ich auch noch daran herum, ich hatte im Laufe des Tages immer noch ein bißchen mehr abgeschnitten und mittlerweile war es zu einer Kappe aus Haaren geworden, und da kam Sherwood Anderson dazu. Wie gefällt es Ihnen, fragte ich etwas ängstlich. Mir gefällt es, erwiderte er, jetzt sieht sie wie ein Mönch aus …

»Während des Ersten Weltkriegs haben wir für eine amerikanische Hilfsorganisation gearbeitet. Wir haben Medikamente und medizinisches Gerät an Lazarette geliefert. Besonders oft waren wir im Elsaß unterwegs, weil wir beide ja Deutsch sprachen.« Alice zeigt auf ein Foto von 1917. Gertrude am Steuer eines Ford mit großer Ladefläche. Alice wie immer im Hintergrund. Auf dem Gehsteig ein Stapel Holzkisten. »Es war ein schweres Leben in dieser Zeit«, sagt Alice, »aber es war eine befriedigende Aufgabe. Als der Krieg zu Ende war, nahmen wir unser altes Leben in der rue de Fleurus wieder auf. Im Sommer fuhren wir aufs Land, und wenn kein Geld mehr da war, verkauften wir eines der Bilder.«

Alice läßt das Album sinken und legt die schmalen Hände ineinander. »Bliebe noch die Rose«, sagt sie, »ihre berühmteste Zeile: Eine Rose ist eine Rose ist eine Rose. Es war eine Auftragsarbeit. Die Aufforderung, ein Kinderbuch zu schreiben. Gertrude nannte es ›Die Welt ist rund‹. Es geht um das Mädchen Rose. Im Wald schreibt sie ihren Namen an einen Baum: ›Sie würde … rundherum immer rundherum aber nicht krumm Rose ist eine Rose ist eine Rose ist eine Rose in die Rinde ritzen bis es ganz rundherum reichte …‹«

Als Gertrude starb, im Sommer 1947, kümmerte sich Alice einerseits um den Nachlaß der Freundin und brachte andererseits ein Kochbuch heraus, das wegen eines Rezepts für Haschischplätzchen einiges Aufsehen erregte. Ihre eigenen Lebenserinnerungen enden mit dem Tod von Gertrude.

Wenn sie selbst tot sein wird, sagt Alice, möchte sie neben Gertrude Stein auf dem Pariser Père Lachaise-Friedhof begraben sein, wo sonst. Einen eigenen Grabstein brauche sie nicht. Es genüge, wenn man ihre Lebensdaten auf der Rückseite des Grabsteins von Gertrude eintrüge.

Mable Dodge, die Freundin, hat Alice Babette Toklas einmal gefragt, was in ihrem Leben das Wichtigste sei. »Es ist mein Gefühl für Gertrude Stein«, hatte Alice geantwortet.

»Des geschaukelten Bettes lieblicher knarrender Ton«

CHRISTIANE VULPIUS UND JOHANN WOLFGANG GOETHE

Bis nach Rom war er geflohen, der Dichter aus Weimar, dort endlich hat er sich »selbst wiedergefunden«, mehr noch, er habe empfunden, so schreibt er, »was eigentlich ein Mensch sei«, und er sei überhaupt »das erste Mal unbedingt glücklich« gewesen.

Damit ist es nun vorbei. Goethe ist zu Ostern 1788 in Rom aufgebrochen, am 18. Juni trifft er nach anderthalbjähriger Abwesenheit wieder in Weimar ein. Er leidet. »Aus Italien, dem formenreichen, bin ich in das gestaltlose Deutschland zurückgewiesen, heiteren Himmel mit einem düsteren zu vertauschen; die Freunde, statt mich zu trösten… bringen mich zur Verzweiflung… Meine Klagen über das Verlorene scheinen sie zu beleidigen… niemand versteht meine Sprache…«

Der Unverstandene flüchtet gern in den lieblichen Park an der Ilm, um in der Natur Geborgenheit und

84

Ruhe zu finden, auch wenn die Wolkendecke über Thüringen an den meisten Tagen dichter ist als die über Rom.

Christiane Vulpius, eben 23 Jahre alt, hat in diesem Sommer ganz andere Sorgen. Beide Eltern sind tot, und seit der ältere Bruder nach Nürnberg gegangen ist, liegt die Verantwortung für die jüngeren Geschwister allein bei ihr. Bei Friedrich Justin Bertuch hat sie Arbeit gefunden, dem Schatzmeister des Herzogs. Bertuch hat eine kleine Werkstatt für künstliche Blumen, die dazu dienen, die Hüte und Kostüme der feinen Damen zu dekorieren. Indessen kommt ein Brief aus Nürnberg, wo der Bruder als Privatsekretär sein Geld verdient. Es gehe zu Ende mit der Anstellung, schreibt er der Schwester, und sie möge das beiliegende Schreiben Goethe übergeben. Schon in früheren Jahren hatte August einmal um die Hilfe des Geheimen Rats gebeten, und sie war ihm gewährt worden.

Christiane liest den Brief wieder und wieder. Sie tritt ans Fenster und schaut über das Papier hinweg in den Garten. Wie soll sie es anstellen, den Hochberühmten kennenzulernen? Wie ihn anreden? Oder soll sie den Brief, versehen mit einem Gruß von eigener Hand, an Goethe weiterschicken? Unmöglich. Sie faltet sorgfältig zusammen, was der Bruder ihr geschickt hat, und schiebt das Papierpäckchen in die Küchenschublade. Das Schreiben ist ihre Sache nun wirklich nicht, und die Schwierigkeit mit der Anrede stellt sich schriftlich noch dringlicher als mündlich.

Abends im Bett, halb schon im Schlaf, will ihr auf einmal alles ganz einfach erscheinen: Sie muß nur unten am Gartenhaus anklopfen oder vielleicht ein bißchen vor der Tür warten. Gewiß geht der Herr Minister öfter am Tag in seinen Garten hinaus. Dann würde sie sich artig verbeugen, einen guten Tag wünschen, den Brief überreichen und wäre auch schon wieder davon.

Am nächsten Morgen scheint ihr dieser Plan wieder allzu kühn und undurchführbar. Wenn er sie nun anspräche, Fragen an sie richtete? Christiane hat mit solch hohem Herrn noch nie zu tun gehabt. Vielleicht verbietet er sich die dreiste Störung, wäre gar böse auf sie, und sie würde dem Begehr ihres Bruders eher schaden?

Während der Arbeit geht Christiane ihr mögliches Zusammentreffen mit dem Herrn Minister Goethe in allen Variationen gedanklich durch. Noch bevor sie ihn das erste Mal aus der Nähe sieht, entstehen verschiedene Bilder in ihrer Phantasie. Ihr Lieblingsbild ist das vom gütigen älteren Herrn, ein wenig korpulent und mit ausladenden Schritten, einer goldenen Uhrkette auf dem Bauch und einer Weste aus Brokat oder dunkelbraunem Samt. Bis zum Sonntag will sie warten – oder vielleicht sogar ein paar Tage länger noch – und dann den Auftrag beherzt angehen.

Am 12. Juli schließlich – in der Nacht hat es geregnet, und die Morgensonne bringt die Tropfen im sommerlichen Grün zum Funkeln – nimmt Christiane ein frisches Tuch um die Schultern und spaziert von der Luthergasse aus, wo sie wohnt, vorbei am Haus der Frau von Stein, Goethes langjähriger Seelenfreundin, bis hinunter in den Park. Natürlich ist ihr der große Dichter, der »Gott von Weimar«, vom Erzählen der Leute her wohlbekannt, ebenso seine Gewohnheit, sich in freier Natur zu ergehen. Sie ist gefaßt darauf, ihm bereits im Ilmpark zu begegnen. Von weitem schon würde sie ihn an der ruhigen Erhabenheit erkennen, die ihn gewiß umgibt.

Als sie ihm dann tatsächlich gegenübersteht – er kommt just zur Tür heraus, als sie den Garten betritt –, spürt sie, wie ihr die Röte ins Gesicht steigt: So ein stattlicher Mann, denkt sie, keine Korpulenz und keine Uhrkette, und freundlich ist er auch mit ihr. Johann Wolfgang Goethe, Ende 30 und grundsätzlich – sieht man von der Melancholie einmal ab – in bester Verfassung aus der Ferne

heimgekehrt, betrachtet die junge Frau, die ihm, wie er es nennt, »die Göttin Zufall« zuführt, mit größtem Vergnügen. Sie sieht mit ihren blitzenden schwarzen Augen und den dunklen Locken genauso aus, als käme sie aus dem Land der Sehnsucht, das er gerade hinter sich gelassen hat. Ein »weiblicher Dionysos mit lachenden Augen und schwellenden Lippen« sei Christiane, schreibt Johanna Schopenhauer später.

Die junge Frau scheint sehr aufgeregt. Sie zupft ihr Schultertuch zurecht, er sieht reizende Schweißperlchen auf ihrer Oberlippe, die vom raschen Gehen durch die Sommerwärme her rühren mögen, aber auch vom klopfenden Herzen. Sie spult ihr Sätzchen herunter, reicht ihm einen Brief, und in dem Augenblick, als er die Hand danach ausstreckt, sieht sie zu ihm auf.

Wahrscheinlich hat er sie gleich mitgenommen in sein Gartenhaus, wo er allein sein kann mit seinem Schatz. Er schenkt ihr ein Glas Wasser ein und beobachtet sie beim Trinken. In späteren Jahren werden sie den 12. Juli als den Tag ihrer Liebe feiern. Ausführlich und in aller Offenheit berichtet Goethe über die besondere Inspiration, die er immer wieder in Christianes Nähe verspürt:

»Oftmals hab’ ich auch schon in ihren Armen gedichtet
Und des Hexameters Maß, leise, mit fingernder Hand
Ihr auf den Rücken gezählt«,

heißt es in den *Römischen Elegien,* die stark von Weimars Eros durchdrungen sind.

»… Sie atmet in lieblichem Schlummer
Und es durchglühet ihr Hauch mir bis ins tiefste die Brust.«

Die beiden fanden schnell zueinander:

»Laß dich, Geliebte, nicht reuen, daß du so schnell dich ergeben
Glaub’ es, ich denke nicht frech, denke nicht niedrig von dir …«

Die Weimarer Gesellschaft aber ist entsetzt. Karl August Böttiger, Direktor des Gymnasiums und eines der größten Klatschmäuler am Ort, weiß den Stilwechsel des Dichters sofort zu deuten: »Die meisten Elegien«, zetert er, »sind bei seiner Rückkunft im ersten Rausch mit der Dame Vulpius geschrieben …« Und er fährt erbittert fort: »Alle ehrbaren Frauen sind empört über die bordellmäßige Nacktheit …« Dabei hat Goethe, der ja seine Zeitgenossen kennt, die anstößigsten Sachen erst mal in der Schublade gelassen. Zum Beispiel diese Zeilen:

»Ekel bleibt mir Gezier und Putz und hebet am Ende
Sich ein brokatener Rock nicht wie ein wollener auf?
Müssen nicht jene Juwelen und Spitzen, Polster und Fischbein
Alle zusammen herab, eh er die Liebliche fühlt?
Näher haben wir das! Schon fällt dein wollenes Kleidchen,
So wie der Freund es gelöst faltig zum Boden herab.«

Und weiter gesteht er:

>Uns ergötzen die Freuden des echten nacketen Amors
Und des geschaukelten Bettes lieblicher knarrender Ton …«

So richtig von Herzen gönnt ihm nur seine Mutter in Frankfurt den lustigen
»Bettschatz«, wie sie sagt. Alle anderen machen aus ihrer Verachtung gegenüber
der unstandesgemäßen Gefährtin keinen Hehl. Selbst Goethes Freund Friedrich
Schiller sieht durch sie hindurch. Goethe aber steht zu Christiane: »Ich bin verheiratet nur nicht mit Zeremonie.«

Zu dieser Zeit ist sie längst zu ihm gezogen in das Haus am Frauenplan, und
die Geburt des Sohnes August zu Weihnachten 1789 besiegelt ihren Bund.

Wenn es zu Trennungen kommt, weil Goethe im Auftrag des Herzogs verreisen muß oder sich nach Jena zurückzieht, um konzentrierter arbeiten zu können, teilen sich die beiden ihre Gefühle und Gedanken schriftlich mit.
Goethe schreibt aus Italien, wo er 1790 die Herzoginmutter abholen muß:

>Weit und schön ist die Welt, doch o wie dank ich dem Himmel,
daß ein Gärtchen beschränkt, zierlich, mir eigen gehört!
Bringt mich wieder nach Hause! Was hat ein Gärtner zu reisen?
Ehre bringts ihm und Glück, wenn er sein Gärtchen besorgt.«

Oder von der gleichen Reise:

>Welch ein Mädchen ich wünsche zu haben? Ihr fragt mich. Ich habe sie,
Wie ich sie wünsche, das heißt, dünkt mich, mit wenigen viel.
An dem Meere ging ich, und suchte mir Muscheln. In einer
Fand ich ein Perlchen; es bleibt nun mir am Herzen verwahrt.«

Christiane ist geduldig. Getreulich berichtet sie ihm, wie sie Haus und Garten versorgt, wie es ihr geht und wie der Kleine gedeiht. Nur manchmal, wenn die Tage kurz sind und der Wind die Äste der Bäume biegt, oder eben an lauen Sommerabenden, die sie nicht gern ohne den Liebsten verbringt, wird sie heftiger:

Daß Du, mein Lieber, aber meine Briefe noch nicht hast, betrübt mich sehr, ich habe jede Woche geschrieben, ich wollte aber lieber, Du wärest wieder hier. Ich will nicht gramseln; aber ich weiß nicht, es ist mir diesmal, als wär mir es unmöglich, länger ohne Dich zu leben…

Goethe ist in der Schweiz, als sie das schreibt – nahe dem Land früheren Sehnens also –, und vielleicht fürchtet Christiane, es könnte ihn wieder in den Süden ziehen. Klagen sind indes die Ausnahme, wenn Christiane zur Feder greift. Öfter schreibt sie von der Sehnsucht nach Liebe, davon, daß ihr recht »hasig« zumute sei, wenn sie an ihn denkt, daß sie die Zärtlichkeiten eines »Schlampampsstündchens« vermißt, wo dann »der Herr von Schönfuß viel da sein soll.«

Er wiederum schreibt ihr aus Frankreich, wohin ihn der Herzog 1792 ins Kriegsgetümmel geschickt hat:

Wärest Du nur bei mir! Es sind überall große breite Betten, und Du solltest Dich nicht beklagen, wie es manchmal zu Hause geschieht. Ach! Mein Liebchen! Es ist nichts besser als beisammen zu sein.

Innig und vertraut erscheint beider Verhältnis zueinander. Eros und Liebe, Begehren und Vertrauen gehören zusammen in dieser Beziehung, auch wenn es hin und wieder »Äugelchen« gibt: So nennt es Christiane, wenn Goethe in Marienbad herumflirtet oder sie selbst während eines Tanzvergnügens.

Mein Breslauer Äugelchen hat sich so stattlich herausgeputzt, daß es sehr gut aussieht, und tanzen tut er auch sehr gut.

Nach Karlsbad schreibt sie ihm scherzend, wie viele Frauen im Begriff seien, sich dorthin auf den Weg zu machen:

Was willst Du denn mit allen Äuglichen anfangen? Das wird zu viel. Vergiß nur nicht ganz Dein ältstes, mich, ich bitte Dich, denke doch auch zuweilen an mich. Ich will indes fest auf Dich vertrauen, man mag sagen, was man will. Denn Du bist es doch allein, der meiner gedenkt.

Ihr fröhliches Naturell und die Treue des geliebten Mannes helfen Christiane schließlich auch über die finsteren Stunden ihres Lebens hinweg: Im Verlauf von elf Jahren bekommt sie noch vier Kinder, von denen eines tot geboren wird, während die anderen nach jeweils wenigen Tagen sterben.

Geheiratet wird dann doch – 18 Jahre nach dem ersten Zusammentreffen im Park am 19. Oktober 1806 in der Sakristei der Jakobskirche zu Weimar. Ein Fest in aller Stille. Als »Geheimeräthin Goethe« muß die Weimarer Gesellschaft »die Demoiselle Vulpius« nun wohl oder übel akzeptieren. Johanna Schopenhauer kommentiert es mit Ironie: »Wenn Goethe ihr seinen Namen gibt«, schreibt sie ihrem Sohn Arthur, »können wir ihr wohl eine Tasse Tee geben.«

Im Lauf der 28 Jahre, die sie zusammen verbringen, ist Goethe öfter krank und wird von seiner Frau liebevoll gepflegt. Als sie 1816 an Urämie leidet, gibt es keine Rettung. Unter grauenvollen Schmerzen stirbt Christiane am Mittag des 6. Juni. Noch am selben Tag schreibt Goethe:

»Du versuchst, o Sonne, vergebens
Durch die düsteren Wolken zu scheinen.
Der ganze Gewinn meines Lebens
Ist, ihren Verlust zu beweinen!«

»*Die Rosen deines Mundes*«

ELSE LASKER-SCHÜLER UND GOTTFRIED BENN

Von ihm heißt es, daß es seine hellen Tigeraugen sind, die die Frauen verzaubern, sein unnahbares Wesen, sein melancholisches In-sich-gekehrt-Sein. Sie sagt, daß sie keine Frau sei, schneidet sich die Haare kurz, trägt Hosen in orientalischer Manier, spielt die Flöte wie ein Schlangenbeschwörer und nennt sich »Prinz Jussuf von Theben«. Bevor sich ihre Wege kreuzen, kennt sie seine Gedichte und er ihre.

Jeder seiner Verse: ein Leopardenbiß, ein Wildtiersprung. Der Knochen ist sein Griffel, mit dem er das Wort aufweckt.

Else Lasker-Schüler und Gottfried Benn: Sie ist die Königin der literarischen Szene in Berlin, er hat gerade sein Medizinstudium beendet, und im März 1912 erscheint ein schmales Heft mit seiner Lyrik: *Morgue – und andere Gedichte.* Eine Sensation, ein Schock. Der junge Arzt berichtet mit unerhörter Direktheit aus Sezier- und Kreißsälen. Solch eine Sprache ward noch nicht vernommen, wenn es in der Literatur um Leben und um Sterben ging.

»Grauenvolle Kunstwunder«, jubelt Prinz Jussuf, »Todesträumereien …« Endlich scheint ihr einer gewachsen zu sein, ihr, der leidenschaftlichsten aller Träumerinnen, die sich graziös über die Grenzen der Wirklichkeit hinwegsetzt und ihre Träume zur Wirklichkeit ernennt. Groß ist der Hofstaat des Prinzen Jussuf, die Avantgarde schart sich um Else Lasker-Schüler. So zieht es auch den skandalumwitterten Doktor, Offiziersanwärter der kaiserlichen Armee, in die Caféhäuser, wo in schillernden Gewändern Prinz Jussuf residiert.

Sie lieben sich wohl schon, bevor sie sich zum ersten Mal sehen – in Faszination und Bewunderung. Und als ihre Blicke sich finden – schwarz wie Kohle sind Jussufs Augen –, da mögen beider Herzen einen Atemzug lang stillgestanden haben.

Die ganze literarische Welt kann jetzt verfolgen, wie es weitergeht mit diesem Paar, denn der Wechselgesang ihrer Liebe erscheint in der Zeitschrift *Die Aktion*. Else weist dem preußischen Orpheus seinen Platz zu in ihrem Reich. Giselheer nennt sie ihn mit doppeltem »E«. Giselheer der Nibelungen jüngster, gestreifter Tiger, Affenadam, evangelischer Heide, Barbar, Spielprinz: »Sein Königskopf ruht an meiner Schulter …«

Giselheer vermag es, ihr zu antworten, wie es ihr gebührt, und es entsteht ein Dialog, der für die Glut der Erotik gewaltige Bilder findet:

BENN   »Ich treibe Tierliebe.«

                »In der einen Nacht ist alles entschieden.

                Man faßt mit den Zähnen, wonach man sich sehnt.«

LASKER-SCHÜLER   »Im Zwielicht schmachte ich

                Gebunden am Buxbaumstamm –

                Ich kann nicht mehr sein

                Ohne das Skalpspiel.

Rote Küsse malen deine Messer
Auf meine Brust –
Bis mein Haar an deinem Gürtel flattert.«

BENN   »Mein königlicher Becher!
Meine schweifende Hyäne!
Komm in meine Höhle. Wir wollen helle Haut sein.
Bis der Zedernschatten über die kleine Eidechse lief:
Du – Glück – «

LASKER-SCHÜLER   »Über dein Gesicht schleichen die Dschungeln.
Oh, wie du bist!
Deine Tigeraugen sind süß geworden
In der Sonne.«

BENN   »Ein Spalt voll Schreie ist dein Mund …«

LASKER-SCHÜLER   »Ich raube in den Nächten
Die Rosen deines Mundes …«

BENN   »Gib mich noch nicht zurück.
Ich bin so hingesunken
an dich. Und bin so trunken
von dir. Oh Glück!«

LASKER-SCHÜLER   »Alles ist tot.

Nur du und ich nicht.

Ich liebte dich wie nach dem Tode

Und meine Seele liegt über dich gebreitet.«

Als die Tage langsam länger werden als die Nächte, fahren sie schon am frühen Morgen auf einem Kahn durch die Stille der Havellandschaft. Sinken einander im Schilf oder auf schmalen Sandstränden in die Arme.

Wenige Monate nur – und Else Lasker-Schüler stürzt in ein Leid, für das sie Bilder findet, die genauso leidenschaftlich sind wie ihre Liebesbeschwörungen:

Er hat ein Loch in mein Herz gebohrt, das steht offen wie ein ausgelaufenes Auge…

Von Anfang an ist Gottfried Benn, der Pastorensohn, von der jüdischen Dichterin aus Wuppertal fasziniert und irritiert zugleich. Sie ist 17 Jahre älter als er und so wild, so verrückt, so unbändig und jenseits all dessen, was bürgerlichen Normen entspricht. Seit sie aus ihrer ersten Ehe mit dem Arzt Berthold Lasker geflohen ist, führt sie – obwohl ein zweites Mal verheiratet – ein Leben in völliger Ungebundenheit. Winzige Zimmer dienen ihr als Wohnung, sie übernachtet auch schon mal auf Parkbänken oder in Kinosälen. Sie ist von altersloser Schönheit, wirkt aber bei Tageslicht aufgrund ihrer Lebensumstände fast ein bißchen schmuddelig.

Sieben Jahre nach ihrem Tod berichtet Benn:

Sie war immer arm, in allen Lebenslagen. Man konnte weder damals noch spä-ter mit ihr über die Straße gehen, ohne daß alle Welt stillstand und ihr nachsah: extravagante weite Röcke oder Hosen, unmögliche Obergewänder, Hals und Arme behängt mit auffallendem billigem Schmuck, Ketten, Ohrringen, Talmiringen an den Fingern, und da sie sich unaufhörlich die Haarsträhnen aus dem Gesicht strich, waren diese, man muß schon sagen: Dienstmädchenringe immer in aller Blick-punkt… Sie exponierte ihre schrankenlose Leidenschaft, bürgerlich gesehen ohne Moral und ohne Scham. Anders ausgedrückt, sie nahm sich die großartige und rück-sichtslose Freiheit, über sich allein zu verfügen, ohne die es ja Kunst nicht gibt.

Schwer zu glauben, daß er aufgehört haben soll, sie zu lieben, damals, im Som-mer 1913. Er hält es wohl nur nicht länger aus mit ihr. Die vollgestopften kleinen Zimmer, die sie bewohnt, die Dienstmädchenringe und die Unbedingtheit ihrer Liebe machen ihm angst. Als er auf Hiddensee eine Dame aus der guten Gesell-schaft kennenlernt, Edith Osterloh, schlägt Gottfried Benn sich den Prinzen Jus-suf aus dem Sinn. Und 1914 – der Erste Weltkrieg bricht aus, heiratet er Edith. Else Lasker-Schüler antwortet mit einem Gedicht:

»Dein Herz läßt keine Meere mehr ein …
Deine Küsse dunkeln auf meinem Mund.
Du hast mich nicht mehr lieb.

Du erinnerst dich meiner kaum.
Wo soll ich mit meinem Herzen hin?«

An ihren Freund, der Maler Franz Marc, schreibt sie: »Du freust Dich über mei-ne ›neue Liebe‹ – Du sagst das so leicht hin und ahnst nicht, daß Du eher mit mir weinen müßtest – denn – sie ist schon verloschen in seinem Herzen, wie ein bengalisches Feuer, ein brennendes Rad – es fuhr mal eben über mich. Ich erliege ohne Groll dieser schweren Brandwunde.«

Dabei weiß sie in prophetischer Weitsicht, daß es für ihren Geliebten in den Armen einer anderen kein Glück geben wird:

»Ich bin dein Wegrand,
Die dich streift
Stürzt ab.«

Gottfried Benn hat in seinem Leben viele Beziehungen, drei Ehen darunter, aber der Absturz, von dem Else spricht, ist immer nah. Keine, die ihm in gleicher Leidenschaft verbunden wäre wie Else, keine, die den Panzer zu sprengen vermag, der ihn umgibt.

Völlig aus den Augen verlieren sie sich nie – der preußische Orpheus und seine Eurydike. Wahrscheinlich hat er sie finanziell unterstützt, womöglich nach ihrer Trennung noch vom »Abgrund wilder, dunkler Blumen« bei ihr gekostet, die »Tierliebe« gesucht, das Hingesunkensein. Vermutlich hat er auch dazu beigetragen, daß ihr 1932 der Kleistpreis verliehen wird. Doktor Benn schickt ein kühles Glückwunschtelegramm:

Der Kleistpreis – so oft geschändet sowohl durch die Verleiher wie durch die Prämierten – wurde wieder geadelt durch die Verleihung an Sie, ein Glückwunsch der deutschen Dichtung, Gottfried Benn.

Als die Dichterin 1933 in die Schweiz emigriert, fordert sie ihn auf, mit ihr zu gehen. Aber der Doktor, nach kurzer Begeisterung für die Nazis, wählt die innere Emigration.

Else Lasker-Schüler stirbt 1945, noch vor Kriegsende, in Jerusalem. Gottfried Benn, hochgelobter Dichter der jungen Bundesrepublik, hält 1952 eine Rede auf die Freundin. Eine späte, letzte Liebeserklärung.

»Fühlst du mein Lebtum
Überall
Wie ferner Saum?«

hatte sie einst geschrieben. Und er antwortet 40 Jahre danach:

Dieses Lebtum als fernen Saum habe ich immer gefühlt, bei aller Verschiedenheit der Lebenswege und Lebensirrungen.

Gottfried Benn, Elses Giselheer, stirbt am 7. Juli 1956 in Berlin.

»*Besser ein Opfer der Liebe, als ohne sie noch leben*«

SUSETTE GONTARD UND FRIEDRICH HÖLDERLIN

Über die Höhen rast ein Sturm, der die Bäume biegt. Der Sturm treibt Schnee-wehen vor sich her und einen einsamen Wanderer, der schon wochenlang un-terwegs ist. Es kommen ihm Zweifel, ob er heute den nächsten Ort noch errei-chen wird, ob er den Weg finden und in der hereinbrechenden Dunkelheit der Kälte weiterhin wird trotzen können. Gestern hatte er das einzige Gasthaus weit und breit erst entdeckt, als es schon dämmerte, und heute morgen war er gegen den Rat des Wirts im ersten Licht der Frühe aufgebrochen, trotz des wütenden Sturms.

Friedrich Hölderlin hat am 10. Dezember 1801 die schwäbische Heimat ver-lassen und ist unterwegs nach Bordeaux, wo er zum wiederholten Mal in seinem Leben eine Hofmeisterstelle antritt. Für ein paar Monate wird er Hauslehrer der Familie des Konsuls Daniel Meyer.

Ende Januar, er ist den Gefahren des winterlichen Gewaltmarschs knapp ent-ronnen, schreibt er der Mutter und den Geschwistern, wie es ihm ergangen ist:

»Die letzten Tage bin ich schon in einem schönen Frühlinge gewandert, aber kurz zuvor, auf den gefürchteten überschneiten Höhen der Auvergne, in Sturm

99

und Wildnis, in eiskalter Nacht und die geladene Pistole neben mir im rauhen Bett – da hab ich auch ein Gebet gebetet, das bis jetzt das beste war in meinem Leben und das ich nie vergessen werde. Ich bin erhalten – danken Sie mit mir. Ihr Lieben! Ich grüße Euch wie ein Neugeborener, da ich aus der Lebensgefahr heraus war … Ich bin nun durch und durch gehärtet und geweiht … Ich denke, ich will so bleiben …«

Mit neuem Mut und Zuversicht ist er also in die Fremde aufgebrochen, wohl auch in der Hoffnung, mit der räumlichen Distanz inneren Abstand zu gewinnen. Hinter ihm liegt die schwerste Erschütterung seines Lebens. In den Stunden tiefer Erschöpfung, aber auch dann, wenn der ausgeruhte Blick am Morgen über die sanften, schneeglitzernden Höhen der Auvergne glitt, stand ihm das Bild der verlorenen Geliebten vor der Seele. Genau sechs Jahre ist es her, daß er sie, umgeben von ihren vier Kindern, zum ersten Mal gesehen hatte. Sie ist die Frau des Bankiers Jakob Friedrich Gontard in Frankfurt am Main, in dessen Haus Hölderlin seine zweite Stelle als Hauslehrer antritt.

Susette Gontard ist reserviert, fast kühl gegen den Fremden aus Nürtingen, der ihre Kinder unterrichten soll, ganz wie es der Anstand gebietet. Und doch ist ihr von Anfang an unerklärlich wohl in seiner Gegenwart. Es mag sein Blick, sein offenes Wesen sein, das sofort Vertrauen weckt, seine Güte, die ihm eine Reife gibt, die weit über seine Jahre hinausweist. Seine Mitstudenten berichten von ihm, es sei gewesen, »als schritte Apoll durch den Saal«, wenn er zu Tisch kam.

Überhaupt ist er so ganz anders als die Geschäftsfreunde ihres Mannes, denen sie seit zehn Jahren – so lange ist sie verheiratet – eine aufmerksame Gastgeberin ist, ohne jemals mit einem von ihnen ein Gespräch geführt zu haben, das die Ebene gehobenen Salongeplauders verlassen hätte.

Im Austausch mit diesem jungen Mann dagegen werden Worte und Sätze zu geheimnisvollen, windungsreichen Pfaden, die zu verfolgen einen ihr bis dahin unbekannten Reiz ausübt. Ist es nicht schon eine Lust, seiner Stimme zu lauschen, wenn er etwa von den Eindrücken spricht, die die Natur ihm vermittelt? Und schwingt nicht noch im Unausgesprochenen ein Klang mit, der lange nicht vergeht und in der Erinnerung haftet wie eine Zauberformel? Sie sieht ihn, sie hört ihn an und geht ebenso ruhig wie rettungslos in ihrer wachsenden Liebe zu ihm auf.

Eh es eines von uns beiden wußte, gehörten wir uns an …

Allerdings braucht es Zeit, ehe sich beide ihre Gefühle eingestehen, ehe sie es wagen, die Augen zu öffnen und das Licht zu sehen, das sie umgibt. Es sind einerseits gesellschaftliche Schranken, die sie hindern: Susette ist eine verheiratete Frau aus ersten Kreisen, er gehört als Hauslehrer zu den Bediensteten, die im großbürgerlichen Haus ein karges Zimmer unter dem Dach zugewiesen bekommen. Was sie beide zögern läßt, ist aber vor allem die Scheu vor der Gewalt einer Liebe, wie sie beiden bis dahin unbekannt ist: eine Glut, der nichts widersteht.

Für Hölderlin allerdings hat es eine intensive Vorbereitung gegeben auf das, was er erlebt: In seinem Romanentwurf *Hyperion*, dessen erste Fassung schon fertig ist, als er nach Frankfurt kommt, nimmt er vorweg, was ihm später begegnet. Auch Susette kennt das Fragment. Ein junger Freund der Familie hatte es aus der Zeitschrift *Thalia* für sie abgeschrieben.

»Mit Freud' und Wehmut denk' ich daran, wie mein ganzes Wesen dahin trachtete, nur dahin, ein herzlich Lächeln zu erbeuten, wie ich mich hingab für einen Schatten von Liebe, wie ich mich wegwarf … Ach! mir – in diesem schmerzlichen Gefühl meiner Einsamkeit, mit diesem freudeleeren blutenden Herzen – erschien mir sie; hold und heilig, wie eine Priesterin der Liebe stand sie da vor mir; wie aus Licht und Duft gewebt, so geistig und zart …«

Melite nennt er die weibliche Macht im *Fragment von Hyperion*. Melite formt er um zu Diotima, Priesterin der Liebe auch sie, angeregt durch Platons *Symposion*, wo ihre Stimme es ist, die die Gesetze der Liebe deutet. Ein Wiedererkennen in der Wirklichkeit also für den Dichter, was vor dem inneren Auge bereits Gestalt angenommen hat.

Der Rahmen freilich, in dem die Geliebte sich in der Wirklichkeit bewegt, stößt ihn ab, und er muß viel Geduld aufbringen, um ihn zu ertragen. »Das ganze Jahr über«, klagt Hölderlin, »haben wir beständig Besuche, Feste und Gott weiß! was alles gehabt.« Zudem fühlt er sich durch den Hausherrn herabgewürdigt und gedemütigt, als »fünftes Rad am Wagen«. Hofmeister könnten keinen besonde-

102

ren Respekt erwarten, »weil man sie für das bezahlt, was sie täten.« Auch die Besucher gefallen ihm nicht: »– lauter ungeheure Karikaturen. Bei den meisten wirkt ihr Reichtum wie bei Bauern neuer Wein; denn grad so läppisch, schwindlich, grob und übermütig sind sie …« So erlebt Hölderlin die Freundin beständig als Angehörige zweier Welten.

Daß sie eine besondere Frau ist, bemerken allerdings auch die anderen: »Sanftmut, Güte, richtiger Verstand, und die über ihre ganze Person verbreitete Grazie bezaubern, aber lassen sich nicht beschreiben. – In Gesellschaft besitzt sie in hohem Grade jenen einfachen, aber feinen Ton, der die Vereinigung eines gebildeten Geistes und eines ruhigen Herzens anzeigt; – in ihrem häuslichen Cirkel, mitten unter ihren Kindern, an ihrem Clavier ist sie vergnügter als in großer Gesellschaft, denen sie immer auszuweichen sucht … Pflicht und Menschenliebe und Verleugnung und Aufopferung alles lernt man bei ihr; ich läutere mich in Ihrem Umgang«, schreibt der junge Bankiersohn Ludwig Zeerleder aus Bern nach einem Besuch in Frankfurt.

Ein Miniaturbild, gemalt von ihrer Freundin Margaretha Elisabeth Sömmering, zeigt Susettes Züge tatsächlich »wie aus Licht und Duft gewebt«, um an Hölderlins Beschreibung seiner Diotima anzuknüpfen. Susette hat welliges, dunkles Haar, leuchtende blaue Augen, ein zartes Gesicht mit keuschem Kindermund. Ein Freund des Hauses, Wilhelm Heinse, spricht von der »Dame Gontard mit dem reinen, schönen Tizianischen Teint«.

Zur Anmut, zur Schönheit, zur Reinheit des Herzens kommt die Musikalität hinzu. Sie spielt Klavier und sie singt.

Meine lange dem Gesang verschloßnen Lippen lispelten unwillkürlich ihre alten Liebeslieder, und es hatte lange schon gedauert, bis ich es lächelnd bemerkte,

schreibt sie dem Geliebten, und er spinnt den Faden weiter in seinem Roman:

103

»Nur, wenn sie sang, erkannte man die liebende Schweigende, die so ungern sich zur Sprache verstand ...«

Ob der Gatte, der vielbeschäftigte, die Blicke bemerkt, die im kleinen familiären Kreis, vor allem aber in größeren Gesellschaften – wo sie sich unbeobachtet fühlen – zwischen dem Hauslehrer und seiner Frau hin und her wandern, wie heimliche Boten? Ob er die gelegentlichen Bemerkungen des Personals zu deuten versteht?

Überliefert ist die Beobachtung einer im Haus lebenden Schweizerin, Maria Rätzer: »den ganzen Morgen ist SG mit Höl: oben in der Laube und im Cabinet – die Kinder verlassen diese Gegend Bediente und Mägde immer ums Haus herum wenn er morgen wieder käme und bemerkt würde, es wäre nicht gut ...«

»Verliebte leben nur für sich und durch sich, vor ihnen ist die ganze Welt tot«, heißt es über Susette und Hölderlin, und die Dichterin Günderode schreibt in einem Brief von 1899, da lebte Hölderlin schon nicht mehr im Haus der Geliebten: »Ich darf ihn hier in Frankfurt gar nicht nennen, da schreit man die fürchterlichsten Dinge über ihn aus, bloß weil er eine Frau geliebt hat, um den ›Hyperion‹ zu schreiben.«

Jakob Friedrich Gontard hat jedenfalls keine Bedenken, Susette und Hölderlin zusammen mit den Kindern für vier Monate nach Driburg ins Westfälische zu schicken, als Napoleons Truppen sich Frankfurt nähern. Für die Liebenden eine unverhoffte Chance, füreinander dasein zu können. »Wahrhaft glückliche Tage«, schreibt Hölderlin und erwähnt »goldne Spaziergänge«. An seinen Freund Neuffer schreibt er noch von Frankfurt aus: »Ich bin in einer neuen Welt ... Lieber Freund! es gibt ein Wesen auf der Welt, woran mein Geist Jahrtausende verweilen kann und wird, und dann noch sehen, wie schülerhaft all unser Denken und Verstehen vor der Natur sich gegenüber findet. Lieblichkeit und Hoheit, und

Ruh und Leben, und Geist und Gemüt und Gestalt ist Ein seliges Eins in diesem Wesen.«

Und später, noch immer in völliger Hingabe:

»Ich habe eine Welt von Freude umschifft, seitdem wir uns nicht mehr schrieben … Und noch ist es so! noch bin ich immer glücklich wie im ersten Moment. Es ist eine ewige, fröhliche, heilige Freundschaft mit einem Wesen, das sich recht in dies arme geist- und ordnungslose Jahrhundert verirrt hat! Mein Schönheitssinn ist nun vor Störungen sicher. Er orientiert sich ewig an diesem Madonnenkopf. Mein Verstand geht in die Schule bei ihr, und mein uneinig Gemüt besänftigt und erheitert sich täglich in ihrem genügsamen Frieden … Mein Herz ist voll von Lust, und wenn das Schicksal mir mein glücklich Leben erhält, so hoffe ich künftig mehr zu tun als bisher.«

Die schönsten Kränze jedoch windet Hölderlin der Geliebten in seiner Dichtung:

»Diotima! edles Leben!
Schwester, heilig mir verwandt!
Eh ich Dir die Hand gegeben,
Hab ich ferne Dich gekannt.«

Beide haben das Empfinden, in ihrem Leben an einem Endpunkt angekommen zu sein, bevor sie einander begegnen – da ist sie 27, er 26 Jahre alt. Er spricht vom Tod der »jugendlichen Welt«, und Susette schreibt ihm später, sie habe in die Zukunft wenig Hoffnung gesetzt und dann durch ihn »mehr bekommen, als ich noch erwarten durfte«. Unter ihrem Einfluß wachsen seine künstlerischen Gestaltungskräfte, seine Phantasie, so schreibt er seinem Freund, sei »williger, die Gestalten der Welt … aufzunehmen«. »In meinen Armen lebte der Jüngling auf«, spricht Diotima, und Hölderlin schreibt auf, was die inneren Stimmen ihm sagen. Es kommt ihm vor, als sei sie ihm eine Gefährtin über Zeit und Raum hinweg, als folgten sie beide höheren Gesetzen, die sie immer wieder zusammenführen: »Ich werde sie wiederfinden«, heißt es im Fragment von *Hyperion,* »in irgendeiner Periode des ewigen Daseins.« So schwierig und bedrückend die äußeren Umstände auch sein mögen, es ist dem Dichter zumute, als kehrte er nach öder Wüstenwanderung an die Quellen des Lebens zurück:

> »Ist nicht heilig mein Herz, schöneren Lebens voll,
> Seit ich liebe? warum achtetet ihr mich mehr
> Da ich stolzer und wilder,
> Wortreicher und leerer war?
>
> Ach! der Menge gefällt, was auf den Marktplatz taugt,
> Und es ehret der Knecht nur den Gewaltsamen;
> An das Göttliche glauben
> Die allein, die es selber sind.«

Daß ihrer Liebe keine Erfüllung im gewöhnlichen Sinn, erst recht keine Dauer beschieden sein würde, ahnen sicherlich beide vom ersten Tag an. So sehr Susettes Mann sich auch dagegen sträubt, das zu sehen, was alle sehen: Es kommt der Tag, da gibt es kein Zurück. Hölderlin ist nun seit zwei Jahren im Haus. Eine neue Haushälterin, so heißt es, habe sich in den hochgewachsenen jungen Mann verliebt, und als er sie abweist, berichtet sie Gontard eindringlich, wie seine Frau und der Hofmeister die Tage verbringen.

Es gibt einen heftigen Auftritt. Der Hausherr stellt seinen Bediensteten zur Rede, dieser wehrt sich wütend, und es fallen die Worte: »Entfernen Sie sich auf der Stelle.« Nun beginnt die Zeit zermürbender Heimlichkeiten. Susette und Hölderlin treffen sich vor der Stadt, schreiben sich Briefe und leben in ständiger Angst vor Entdeckung und Verrat. »Göttlich erst im tiefen Leid das Lebenslied der Welt uns tönt«, schreibt Hölderlin im *Hyperion*.

Wir müssen jetzt vom Schicksal betteln und durch tausend Umwege einen Faden zu leiten suchen, der uns zusammenführt. Was wird aus uns werden, wenn wir für einander verschwinden?

Und weiter schreibt sie ihm vom jähen Wechsel der Gefühle, von der Verzweiflung und der Ruhe, die über sie kommt, wenn sie keine Tränen mehr hat:

Wenn ich still und trocken bin, so zweifle nur nicht an mir, dann brennt es in der Tiefe und ich muß wie Du mich vor Leidenschaft bewahren. Der Gram zehrt wohl ein wenig, doch die süße heilende Schwermut kömmt immer vom Himmel zur rechten Zeit, und gießt ihren Segen in's Herz, und verzweifeln werde ich nie an der Natur; auch wenn ich den Tod schon im inneren fühlte, würde ich sagen: sie weckt mich wieder, sie gibt mir alle meine Gefühle wieder, die ich treu bewahrte und die mein sind, die nur der Druck des Schicksals mir nahm, aber sie siegt, sie bereitet aus Tod mir neues schöneres Leben, denn der Keim der Liebe liegt tief und unaustilgbar in meinem Wesen.

Sie schreibt, als stünde ihr die Zukunft klar vor Augen:

Ich fühle es lebhaft, daß ohne Dich mein Leben hinwelkt und langsam stirbt ...

Und er antwortet:

... dieser ewige Kampf und Widerspruch im Innern, der muß Dich freilich langsam töten, und wenn kein Gott ihn da besänftigen kann, so hab' ich keine Wahl, als zu verkümmern über Dir und mir, oder nichts mehr zu achten als Dich und einen Weg mit Dir zu suchen, der den Kampf uns endet ...

Nach Homburg ist Hölderlin gezogen, um in ihrer Nähe, wenn schon nicht bei ihr zu sein. Sein Schmerz fließt in bewegende Gedichte, die bei allem Leid, das sie beschreiben, doch noch vom Rauschhaften der Liebe durchdrungen sind:

»… Und deines Lebens Wohllaut verhallt von mir
Nicht mehr belauscht, und ach! wo seid ihr
Zaubergesänge, die einst das Herz mir

Besänftiget mit Ruhe der Himmlischen?
Wie lang ist's! O wie lange! der Jüngling ist
Gealtert, selbst die Erde, die mir
Damals gelächelt, ist anders geworden …«

Im Mai 1800 schließlich die endgültige Trennung:

Versprich mir daß du nicht zurück kommst, und ruhig wieder von hier gehen willst, denn wenn ich dies nicht weiß, komme ich in der größten Spannung und Unruhe bis Morgen früh nicht vom Fenster, und am Ende müssen wir doch wieder ruhig werden, drum laß uns mit Zuversicht unsern Weg gehen und uns in unserm Schmerz noch glücklich fühlen und wünschen, daß er lange lange noch für uns blühen möge, weil wir darin vollkommen Edel fühlen und gestärkt werden für unser Schicksal. Leb wohl! Leb wohl! Der Segen des Himmels sei mit Dir.

Im *Hyperion* läßt Hölderlin die Priesterin der Liebe sterben. »Verzeih mirs, daß Diotima stirbt«, bittet er die Freundin. Susette Gontard bekommt im Winter einen »bösen Husten«, der ihre Lungen angreift, im Frühsommer erkranken ihre Kinder an Röteln, sie steckt sich an und stirbt am 22. Juni 1802.

Besser ein Opfer der Liebe! als ohne sie noch leben,

hatte sie geschrieben. Hölderlin, als er aus Bordeaux zurückkommt, erhält die Todesnachricht von seinem Freund Sinclair. Sie sei sich »bis zuletzt gleich geblieben. Ihr Tod war wie ihr Leben.« »Leichenblaß«, schreibt der Freund Friedrich Matthisson, sei der Wanderer aus Bordeaux in Stuttgart eingetroffen, »abgemagert, von hohlem, wildem Auge, langem Haar und Bart und gekleidet wie ein Bettler.« Hölderlins Bruder stellt »die deutlichen Spuren einer Geisteszerrüttung« fest.

Nach der »Mitternacht des Grauens«, die ihn mit der Nachricht von Susettes Tod überfallen haben mag, bricht für den Dichter eine Nacht herein, auf die kein Morgen folgt. Seine Freunde umsorgen den Kranken, bringen ihn in eine Klinik, schließlich wird er der Pflege eines Schreinermeisters in Tübingen übergeben. Er stirbt 41 Jahre nach seiner Diotima, am 7. Juni 1843. »Was ist alles, was in Jahrtausenden die Menschen taten und dachten, gegen Einen Augenblick der Liebe? … dahin führen alle Stufen auf der Schwelle des Lebens. Daher kommen wir, dahin gehen wir …«

»*Mein wahnsinnig geliebtes Almschili!*«

ALMA SCHINDLER UND GUSTAV MAHLER

Wahrhaftig ein Mann, der weiß, was er will:

Eines ist sicher, und zwar mußt Du werden, was ich brauche, wenn wir mitein-ander glücklich werden sollen, das heißt, Du mußt meine Frau und nicht meine Kol-legin werden. Die Rolle des Komponisten, die Welt des »Arbeiters«, fällt mir zu – Deine ist die der liebenden Gefährtin und verständnisvollen Partnerin!

Ein harter Schlag für die Braut, an die diese Zeilen gerichtet sind. Zwar liebt sie den Schreiber mit der unbändigen Energie, die man mit 21 Jahren für die Liebe aufzubringen in der Lage ist. Aber ihre Musik, ihre Kompositionen, die ihr »das Leben« bedeuten, wie sie in ihren Erinnerungen berichtet, sind doch so sehr Teil ihrer Persönlichkeit, daß die Forderung nach dem Verzicht darauf ihr sehr weh tut.

Sie weint eine ganze Nacht. Am nächsten Morgen ist die Entscheidung gereift: Alma Schindler, so sehr ihr die Mutter unter den gegebenen Bedingungen da-von abrät, wird ihn heiraten, den Komponisten und Wiener Hofoperndirektor Gustav Mahler. Trotz seiner Anmaßung. Die Wunde allerdings, die er ihr mit dem strikten Verbot versetzt hat, heilt lange nicht, und sie wird ihre Lied-Kom-

110

positionen gut verschlossen mit sich nehmen, wohin immer sie geht. Ganz so, als trüge sie einen Sarg mit sich herum.

Zum ersten Mal aus der Nähe sieht Alma ihren künftigen Ehemann im Frühjahr 1901. Er dirigiert Wagners *Meistersinger*. Bei allem Temperament, das er dabei an den Tag legt, kommt er ihr krank vor, leidend. Sie vergleicht ihn mit Luzifer: »Weiß das Gesicht, Kohlen seine Augen.« Tatsächlich hat Mahler in der Nacht darauf einen Blutsturz, muß sich schmerzhaften Operationen unterziehen und erholt sich nur langsam.

Im November desselben Jahres schließlich die erste Begegnung: ein Essen bei gemeinsamen Bekannten. Alma will zuerst gar nicht hingehen. Sie hat im Jahr zuvor die 1. Symphonie des Mannes mit den Kohlenaugen kennengelernt, und eigentlich reicht ihr das. Das Werk hat ihr nicht nur »gründlich mißfallen«, wie sie schreibt. Die Musik hat sie sogar »mit Ärger und Protest erfüllt«. Immerhin: Als Dirigent schätzt sie den Komponisten, und sie muß sich eingestehen, daß er eine geheimnisvolle, starke Anziehungskraft hat.

Also gibt sie nach, als die Gastgeber der Abendgesellschaft, der Wiener Anatom Emil Zuckerkandl und seine Gattin Berta, ihre Einladung bekräftigen: Sie solle doch unbedingt erscheinen. Alle seien sie da, der Maler Gustav Klimt, ein Jugendschwarm der schönen Alma Schindler, und ihr Lehrer und Erzieher Max Burckhard, der Burgtheaterdirektor.

Ein bißchen befangen ist sie dann doch, so freundlich die Runde sie auch aufnimmt. Gustav Mahler wird sofort auf sie aufmerksam, und sie erinnert sich an einen langen und prüfenden Blick durch funkelnde Brillengläser. Bei Tisch sitzt man weit voneinander entfernt. Zum Bedauern des Komponisten kann er am heiteren Gespräch, das die junge Frau mit ihren Tischnachbarn führt, nicht teilhaben. Ein verspätet eintreffender Gast schwärmt von einem Konzert des tsche-

111

chischen Geigenvirtuosen Jan Kubelik und fragt Alma, ob sie den schon gehört habe. »Solistenkonzerte interessieren mich nicht«, antwortet sie schnippisch. Ein Ton, der dem Komponisten gefällt. »Mich auch nicht«, sagt er laut über den Tisch hinweg.

Ein erster Blick in amüsiertem Einverständnis, der ihm die Brücke baut, nach dem Kaffee an ihre Seite zu eilen. Sein offensichtliches Interesse an ihr weckt ihre Lust, ihn zu provozieren. Warum er denn das jüngste Werk ihres Kompositionslehrers Alexander Zemlinsky nicht aufführe, will Alma vom Operndirektor wissen. »Weil ich es nicht verstehe«, sagt Mahler, und sie bietet sich lachend an, es ihm zu erklären. Es ist eines jener Gespräche, bei denen beide Beteiligte dem Inhalt nicht gar so viel Bedeutung beimessen. Sie genießen es vielmehr, den anderen beim Sprechen oder beim Zuhören zu beobachten: die sich verändernde Mimik, die Gesten. Der Blick wandert zwischen den Augen und dem Mund des Gegenübers hin und her, und wenn sich die Chance für ein gemeinsames Auflachen ergibt, entzückt es beide gleichermaßen.

Mahler bittet die Musikstudentin, ihm doch einmal Arbeiten von sich zu zeigen. Wenn sie etwas fertig hätte, werde sie kommen, verspricht sie, und er lacht, als wollte er sagen: Da kann ich ja lange warten. Er lädt sie ein, gleich am nächsten Morgen zur Generalprobe von *Hoffmanns Erzählungen* zu kommen. Da sei schon »jener luftleere Raum« um sie gewesen, schreibt Alma, »den Menschen sofort erzeugen, die sich gefunden haben.«

Als sie später allein ist, fühlt sie sich schlecht. Wie es so ist, wenn man jemanden sehr schätzt: Man hat Angst, womöglich keinen guten Eindruck gemacht zu haben. Sie sei nicht wirklich sie selbst gewesen, fürchtet sie. Zu schüchtern einerseits und andererseits zu dreist. Alma Schindler, so strahlend schön und klug die anderen sie finden mögen, ist mit sich selbst unzufrieden. Noch wehrt sie sich gegen ihre Sympathie für diesen Mann. Aber ihr Hader ist der beste Beweis dafür, wie sehr der Komponist sie beeindruckt hat.

Er habe kein Auge zugetan, nicht eine Minute Schlaf die ganze Nacht, bekennt Gustav Mahler, als sie ihn am nächsten Morgen, wie es verabredet war, in der Oper besucht. Natürlich kommt sie nicht allein – das wäre nicht schicklich gewesen –, sondern hat zwei Freundinnen mitgebracht. Mahler bittet die Damen in sein Büro, nimmt aber nur Alma den Mantel ab, behält ihn, während sie sich unterhalten, im Arm, und sie sieht, wie seine Hand über den Samt des Ärmels streicht.

Die Freundinnen plaudern, während sich Alma außerstande sieht, etwas zum Gespräch beizutragen. Sie hält sich lieber im Hintergrund und betrachtet die Noten auf dem Klavier. Noch immer ist ihr nicht so richtig klar, wie gut sie ihm gefällt. Umgekehrt ist er für sie ein imponierender Mensch, aber ihr Glück, bei Zemlinsky zu studieren und zugleich mit ihrem Lehrer befreundet zu sein, ist einfach zu groß, als daß in ihrem Herzen Platz wäre für einen anderen.

113

Die Generalprobe unter Mahlers Leitung sei jedenfalls berauschend gewesen, schreibt sie: »Ich habe nie wieder einen größeren Regisseur gesehen ...« Es gibt nur eine Unterbrechung: Der Dirigent fordert den sofortigen Abgang einer Sängerin, weil sie ein Kleid trägt, das an beiden Seiten bis zur Mitte geschlitzt ist. Ein Skandal in seinen Augen.

Am nächsten Tag bereits empfängt Alma einen anonymen Brief. Auf zart gelblichem Papier ein Gedicht, das nur von ihm kommen kann:

Das kam so über Nacht
– Ich habe sie durchwacht –
Daß ich, wenn's klopft, im Augenblick
Die Augen nach der Türe schick'.

Alma vermerkt in ihren Erinnerungen aber: »Ich liebte ihn noch nicht, ich konnte an nichts anderes denken.«

Als wenig später die Mama mit ihrer Tochter in die Oper geht, kommt ihnen der Herr Direktor im Foyer entgegen und bittet sie in sein Büro. Frau Schindler ist entzückt über seine Freundlichkeiten und lädt ihn zu einem Besuch ein. Er möge doch kommen, sobald es seine Zeit erlaube. Über die Schulter der Mutter hinweg tauschen Alma und Gustav einen Blick. Die junge Frau, sonst durchaus selbstbewußt, verliert sofort ihre innere Sicherheit, wenn sie mit ihm in einem Raum ist, und wieder hält sie sich verlegen im Hintergrund. Beim Abschied sagt sie allerdings, sie würde gern als Kapellmeister an die Oper engagiert werden. Lächelndes Erstaunen auf Mahlers Gesicht, aber er zeigt sich einverstanden: Ihm würde sie auf jeden Fall gefallen, beteuert er.

Nach der Oper sind Mutter und Tochter mit Almas Stiefvater und einem

Freund verabredet und erzählen von ihrer Begegnung, wobei es Mutter Schindler ist, die vor Begeisterung ganz rot wird und fast ins Stottern kommt. Die beiden Männer sind entsetzt. Ganz allein seien sie mit Mahler in dessen Büro gewesen? Welche Unvorsichtigkeit! Der Herr Hofoperndirektor hat einen schlechten Ruf. Man sagt ihm Affären nach mit so gut wie allen weiblichen Mitgliedern des Ensembles. Und schon nach dem ersten Zusammentreffen mit Alma, berichtet der Freund Max Burckhard, der an jenem Abend dabei war, sei Mahler »ganz närrisch verliebt« in Alma gewesen, das habe man nicht übersehen können. Alma schaut versonnen in ihr Glas.

»Was würden Sie denn tun, Fräulein Schindler«, fragt der Freund, »wenn er Ihnen einen Heiratsantrag macht?«

Jetzt hebt sie den Blick. »Ich würde ihn annehmen«, sagt sie ruhig. Burckhard ereifert sich: »Sie werden sich doch nicht mit einem so degenerierten ältern Mann verbinden! Denken Sie an Ihre Kinder – es wäre Sünde! Außerdem: Feuer und Wasser, das ginge. Feuer und Feuer, das nicht! Sie werden die Unterdrückte sein, er nicht, dazu aber sind Sie zu schade.«

Es dauert nicht lange, ehe Gustav Mahler sich die Zeit nimmt, die junge Frau mit der sanften Nackenlinie und den blauen Augen zu besuchen, die einerseits so scheu erscheint und andererseits so kesse Bemerkungen macht. Er kommt unangemeldet, und die Mama bittet ihn, zum Abendessen zu bleiben. Es gebe Paprikahendl – und die Gesellschaft von Max Burckhard. Er könnte auf beides verzichten, antwortet Mahler, aber bleiben würde er doch.

Vor dem Abendessen machen Alma und er einen langen Spaziergang im knirschenden Schnee. Man fühlt sich einander nah und doch fremd – auf spannende, elektrisierende Weise. Alle paar Minuten, erinnert sie sich, geht ihm ein Schnürband auf, »und er wählte die höchsten Standorte, um den Fuß hinauf-

zusetzen und das Band zu binden«. Außerdem muß er dringend telefonieren und strebt zu einem Postamt. Mahler wohnt seit neun Jahren mit seiner Schwester Justine zusammen, die eifersüchtig über ihn wacht. Wenn er zum Abendessen nicht erscheint, muß er ihr vorher Bescheid sagen.

Auf dem Rückweg kommt er dann ohne Umstände auf das Hauptanliegen seines Besuchs. Er fragt sie nicht nach ihren Empfindungen und ob sie sich vorstellen könne, seine Frau zu werden. Er erläutert ihr in sachlichem Ton die Bedingungen, die sie als seine Frau zu erfüllen habe. Daß sie heiraten werden, ist für ihn beschlossene Sache. Materielle Sicherheit könne er nicht bieten, als Künstler müsse er sich allzeit frei fühlen können.

Alma Schindler erschrickt, entgegnet aber dann, daß sie als Kind von Künstlern sich ein anderes Leben gar nicht vorstellen könne. Zu Hause angekommen, gehen sie in Almas Zimmer. Den ersten Kuß werten sie beide als Bekräftigung ihrer heimlichen Verlobung.

Zur Trauung am 9. März 1902 kommt der Bräutigam wegen eines heftigen Regens in Galoschen. Gustav und Alma haben quälende Wochen hinter sich. Seine Sorge ist immer wieder, ob er mit fast 42 Jahren nicht doch zu alt ist für eine Braut, die gerade die 20 überschritten hat. »Darf der Herbst den Frühling an sich ketten?« fragt er verzweifelt seine Schwester Justine. Alma ihrerseits leidet darunter, daß nahezu sein gesamter Bekanntenkreis sie rundheraus ablehnt und ihre Verbindung den Wiener Klatschmäulern reichlich Futter gibt. Außerdem ist da noch die Sängerin Anna von Mildenburg. Sie ist dem Komponisten in anhänglicher Liebe zugetan. In Almas Erinnerungen taucht sie immer nur unter dem Kürzel »M.« auf.

Beiden Liebenden macht außerdem ihre unterschiedliche Herkunft zu schaffen – Mahler ist armer Leute Kind, Almas Vater ein sehr erfolgreicher österreichischer Landschaftsmaler. »Du hast es gut«, sagt Gustav oft, »du kommst aus Glanz und Wonne …« Quälend auch – gerade kurz vor dem Ehestand – und Grund für Spannungen und schlaflose Nächte ist die Unerfahrenheit beider Partner in Liebesdingen.

Ach, wenn du doch schon ein Verhältnis gehabt hättest, dann wäre alles besser …

So schlecht sein Ruf auch ist – Mahler hat nicht viel Erfahrung mit Frauen und Alma mit Männern erst recht nicht. Nicht lange nach dem ersten Kuß wagen sie das Äußerste – und am Hochzeitstag weiß die Braut, daß sie schwanger ist.

Im Zusammenleben geschieht dann das Wunderbare – Alma gelingt es, ihre Rolle als liebende Gattin vollendet zu spielen und den Verzicht auf eigene künstlerische Arbeit, auf Unabhängigkeit und Anerkennung nicht als Verlust zu erleben. Zwar ist da die Wunde, die er ihr mit dem Kompositionsverbot zugefügt hat.

117

Aber sie scheint doch vor allem – wie viele seiner Anhänger – berauscht zu sein von der Droge Mahler.

Einen »göttlich schönen Ausdruck« sieht sie auf seinem Gesicht, wenn er dirigiert, und bei der Uraufführung seiner 3. Symphone im Juni 1902 fühlt sie nicht nur die ersten Bewegungen ihres Kindes. Plötzlich wird ihr zur Gewißheit, was vorher nur eine Ahnung war:

Meine Erregung war unbeschreiblich groß. Ich weinte und lachte leise vor mich hin … Ich wurde durch dieses Werk so restlos von Mahlers Größe überzeugt, daß ich ihm nachts unter Glückstränen meine Erkenntnis, meine dienende Liebe, mein ewiges Nur-mehr-für-ihn-Daseinwollen zuschwor …

Die Leidenschaft der Bewunderung hält an und steigert sich noch. Und das, obwohl der Alltag an Gustavs Seite nicht leicht zu bestehen ist. So zwingt er seiner Familie die gleiche Askese auf, die er für sich braucht, um arbeiten zu können. In Gesellschaft, wenn es denn gar nicht zu vermeiden ist, daran teilzunehmen, verbreitet er, wie Alma erzählt, »eine Atmosphäre, als läge eine Leiche unter dem Tisch«. Er ist so auf seine Arbeit konzentriert, so vertieft in seine innere Welt, daß er Alma als Partnerin, als ernstzunehmendes Gegenüber, sozusagen aus den Augen verliert. Das macht sie traurig und unsicher, nährt ihre Selbstzweifel, und mit eben 30 Jahren kommt sie sich alt und verbraucht vor. Erst die heiße Verehrung eines anderen Mannes für Alma bringt den Ehemann dazu, seine Ignoranz zu überwinden. Es ist ein wahres Fest der Wiederentdeckung. Tagelang, berichtet Alma, hätten sie beide geweint.

Zum ersten Mal – man ist gerade einmal wieder in New York, wo Gustav dirigiert – schenkt er ihr Schmuck, zeigt sich besorgt um sie und widmet sich ihr in seiner Eifersucht mit unverhoffter Zärtlichkeit.

Mein geliebtes, wahnsinnig geliebtes Almschili, glaube mir, ich bin krank vor Lie-

be! Dein heutiger Brief war so lieb, und zum ersten Mal seit acht Wochen – eigentlich in meinem ganzen Leben – fühle ich dieses selige Glück, das Einem die Liebe verleiht, wenn man von ganzer Seele liebt und sich wiedergeliebt weiß… Aber, Almschi, du mußt es mir doch immer wieder sagen – denn morgen schon, weiß ich, glaub ich's nicht mehr! Denn es ist ein »Glück ohne Ruh«. Nun gute Nacht, meine Holde, Süße… Meine Geliebte – Dein Gustav.

Er beginnt nun, sich ihrer Kompositionen anzunehmen – die größte Freude, die er ihr machen kann –, spielt ihre Lieder immer wieder und sorgt dafür, daß sie aufgeführt werden. Es ist seine letzte Chance, der Frau seines Lebens seine Liebe und Anerkennung zu zeigen.

Im Sommer 1907 – für beide Eltern ein furchtbarer Schlag – war die älteste ihrer beiden Töchter gestorben. Gustav Mahler, als er selbst vier Jahre später stirbt, wird an der Seite der geliebten Tochter Maria Anna beerdigt. Nach seinem Tod kommt Alma sich vor, »wie aus einem rasenden Zug auf eine fremde Ebene geworfen«.

»*Hinter mir eine Blutspur von den Stacheln der Lust*«

MARILYN MONROE UND ARTHUR MILLER

Er liebt ihre Schlagfertigkeit, ihren Witz, sie liebt – seine Schönheit. Die Brille, die schiefen Zähne, sein Lächeln auf Fotos mit den stets geschlossenen Lippen, das Haar, das sich vorn leicht lichtet. Natürlich liebt sie ihn auch, weil er sie liebt, denn für sie kommt das einem Wunder gleich: Einer wie er kann eine wie sie doch höchstens als Attraktion am Rande wahrnehmen. Als eine Frau, die man mit wohlmeinendem Interesse betrachtet, zurückgelehnt, mit verschränkten Armen und einem Lächeln, das einen Mundwinkel stärker in Anspruch nimmt als den anderen.

Sich mit ihr unterhalten zu wollen – so kommt es ihr vor, wenn sie sich selbst aus seiner Perspektive zu sehen versucht –, erübrigt sich eigentlich. Schließlich gilt sie als schön und blond und nicht viel mehr, und er ist ein Intellektueller. Einer, der den Pulitzerpreis bekommen hat, und so einer unterscheidet sich von jener Sorte Mann, an die sie gewohnt ist. An die Sorte, die beide Hände braucht, wenn es darum geht, eine Frau zu beschreiben. Solche Männer sprechen Frauen nicht an, um mit ihnen zu diskutieren. Der Mann aus New York dagegen kommt aus einer anderen Welt. Als ihr Arthur Miller vorgestellt wird, hat Marilyn

Monroe durchaus Sinn für seine Körpersprache, ohne daß ihr entgeht, was er verbal zum Ausdruck bringt. Sie ist viel zu sehr Schauspielerin, um nicht beides gleichermaßen zu bemerken. Bevor es zum Händeschütteln kommt, hat er Gelegenheit, sie am Set zu beobachten. Der Theater- und Filmregisseur Elia Kazan, Geliebter der Monroe, ist mit seinem Drehbuchautor Miller in Hollywood, um dem Chef der Columbia Pictures ein gemeinsames Projekt vorzuschlagen.

Die Entscheidung läßt auf sich warten, und Kazan nimmt seinen Freund mit in das Studio, in dem gerade *As Young As You Feel* gedreht wird. Für Marilyn der elfte Film, in dem sie spielt, was sie nicht ist: das süße Dummchen. Herausragende Eigenschaft: blond. Er sieht sie in einem schwarzen Spitzenkleid, das die durchschimmernde Haut wie Marmor erscheinen läßt. Sie geht durch einen Raum. Ein bärtiger Mann beobachtet sie.

Die Kamera beobachtet sie und den Beobachter. Miller beobachtet sie und die Kamera. Die konzentriert sich auf Marilyns bemerkenswerten Hüftschwung, eine Bewegung von übertriebener Dynamik, so kommt es ihm vor, dennoch harmonisch und den ganzen Körper einbeziehend. Später schreibt er:

»Es war tatsächlich ihr natürlicher Gang, am Strand bildeten ihre Fußabdrücke eine gerade Linie, sie setzte die Ferse genau vor dem letzten Zehenabdruck auf, und das brachte ihr Becken in Bewegung.«

Auf einer Party, auf die Kazan ihn schickt, sieht er sie wieder. Kazan ist verheiratet, er will es bleiben und fände es nicht schlecht, wenn ein anderer Ehemann die Betreuung der schönen Blonden übernähme. Es muß ja nicht für immer sein. Er selbst verspätet sich: »Als ich ankam, konnte ich erkennen, daß Begehren sich mit Begehren getroffen hatte und daß das liebliche Licht der Begierde aus ihren Augen leuchtete ...«

Miller beschreibt es so: »In diesem Raum voller Schauspielerinnen und Ehe-

frauen wichtiger Männer… wirkte Marilyn Monroe beinahe so lächerlich provozierend, wie ein fremder Vogel in der Voliere – und sei es auch nur, weil sie ein so unverschämt enges Kleid trug, das nicht andeutete, sondern offen erklärte, daß sie ihren Körper mitgebracht hatte und daß er der schönste im Raum war … Ihre Vollkommenheit schien unvermeidlich die Wunde hervorzubringen, die sie den anderen ähnlicher machen würde. Es war ihre Vollkommenheit, die den Wunsch weckte, sie zu verteidigen.«

Sie verteidigen wollen, weil er ihre Wunden spürt, ihre Verletzbarkeit, das ist es, was seine Sympathie für sie wachsen läßt.

»Anscheinend stand sie jetzt allein auf der Welt«, resümiert er, und sein Wunsch, ihr helfen zu wollen, rückt dicht neben die Begierde, die Elia Kazan in den Augen des Freundes glitzern gesehen haben will. Pure Begierde gestattet sich ein Mann wie

Arthur Miller auch dann nicht, wenn die Begehrte scheinbar nichts anderes von ihm erwartet. Zu dritt – Miller, Monroe, Kazan – besuchen sie Parties, gehen am Strand oder in der Stadt spazieren, bis Kazan zu erkennen glaubt, daß sein Plan offensichtlich aufgeht und es an der Zeit ist, »galant beiseite zu treten«. Tatsächlich freut Miller sich zunächst vor allem an Monroes Unbefangenheit. Er empfiehlt ihr Gedichte von Frost und Whitman, und es entzückt ihn, daß sie so mühelos auf dessen stilisierte Sprache reagieren kann.

Je besser er sie kennenlernt, desto weniger kann er tun, was alle von ihm zu erwarten scheinen: Kazan, der lächelnde Dritte, die Leute auf den Parties, sogar die Spaziergänger, die ihnen am Strand entgegenkommen. Marilyn irritiert seine Zurückhaltung. Sie hat noch nie erlebt, daß ein Mann zwar wie beiläufig im Gespräch ihre Hand, ihre Schultern berührt, sie aber nicht eine halbe Stunde später umarmt und am Abend mit ihr schlafen will. Miller bringt es fertig, sie ziemlich lange allein und ungeküßt ins Bett zu schicken, ehe er ihren raffiniert-unschuldsvollen Verführungen erliegt. Die Ruhe hat sie ihm allerdings von Anfang an geraubt. Er kann sich nicht auf das Drehbuch, an dem er gerade schreibt, konzentrieren, schwimmt stundenlang im Pool seiner Gastgeber auf und ab,

hinter mir eine Blutspur von den Stacheln der Lust.

Er gesteht sich ein, daß sie ihn reizt, auf eine nie dagewesene Art, diese Frau mit den idealen Proportionen und dem »lauteren, unfaßbaren Geist«, und ruft sich im gleichen Atemzug zur Ordnung: »Ich sagte mir zum letzten Mal, daß ich abreisen müßte.«

Daß ihm nun ausgerechnet eine Frau gefällt, die zumindest auf den ersten Blick den Hollywood-Stil repräsentiert wie keine zweite, verwirrt ihn zunehmend. Die Abreise muß er vorerst verschieben, weil Harry Cohn, der Boß der Columbia Pictures, noch immer keine Entscheidung gefällt hat. Dafür kommt es zu einem weiteren Treffen mit Marilyn. Miller spürt, daß er den Boden unter den Füßen zu verlieren droht, er hat nur noch Augen für sie.

Ich wollte diese Frau verzweifelt.

Dann die letzte Szene: Frühsommer 1951. Abschied. Das Filmprojekt, das er mit seinem Freund geplant hatte, scheitert. Kazan und Marilyn begleiten Miller zum Flughafen. Sie lächelt zu ihm auf, er sieht auf ihren Mund, hat ein letztes Mal den vertrauten Geruch in der Nase: Parfüm und Schweiß und Schminke und die undefinierbare Mischung, die auf ihrer Haut daraus entsteht.

»Beim Abschied küßte ich sie auf die Wange, und sie holte überrascht Luft. Ich lachte über ihre übertriebene Reaktion, bis die Ernsthaftigkeit in ihren Augen mich erschreckte und ich mein Lachen bedauerte. Ich beeilte mich, wegzukommen. Mich rief nicht allein die Pflicht, ich mußte ihrer kindlichen Unersättlichkeit entfliehen…«

Miller fliegt nach Hause zu seiner Familie. Seine Frau Mary hatte er während des Studiums kennengelernt, sie haben zwei Kinder. »Als Mann von fünfunddreißig schien ich nichts anderes getan, als gearbeitet zu haben; wie Thornton Wilder es in ›Die Heiratsvermittlerin‹ ausdrückt, hatte ich viele Abenteuer gehabt, aber keine Erfahrung. Wann, so fragte ich mich, hört man auf zu arbeiten und fängt an zu leben?« Und etwas später: »Etwas stimmte in meinem Leben nicht. Vielleicht hatte ich einfach zu jung geheiratet.« Die Rückkehr ist ein Bekenntnis zur Moral, aber die »ist nicht mehr identisch mit der Wahrheit«.

Seine Frau kennt ihn zu gut, als daß ihr seine Unruhe entginge. Sie fragt nicht, registriert aber mit Besorgnis, daß er nicht arbeitet. Später schreibt er über diese Zeit, daß er einen nicht zu leugnenden inneren Druck gespürt habe, »aus der Umgebung auszubrechen, die für mich eine leere Schale der Selbstverleugnung geworden war… An manchen ausgetrockneten Abenden war ich nahe daran, mich ans Steuer zu setzen und nach Westen zu fahren. Aber auch dazu war ich nicht der Mann.«

Schließlich arbeitet er am neuen Stück – legt es aber unvollendet zur Seite.

Der nächste Wurf – *Hexenjagd* – wird ein Erfolg. Die autobiographischen Bezüge sind unverkennbar. Zwar geht es vor allem um die Kommunistenverfolgung in der McCarthy-Ära, aber Miller beschreibt auch die Liebe eines älteren Mannes zu einer jungen Frau und dessen Schuldgefühle der Ehefrau gegenüber.

Marilyn hat ein Foto von Miller aufgehängt und wagt es, ihm zu schreiben.

Die meisten Menschen können ihren Vater bewundern. Ich hatte niemals so einen Menschen. Ich brauche jemanden, den ich bewundern kann.

Miller versagt es sich, sie und sich ernst zu nehmen, und empfiehlt ihr, Abraham Lincoln zu bewundern, wenn es denn sein müsse. Er überliest seinen Brief noch einmal, und bevor er ihn in den Umschlag schiebt, schreibt er noch, daß er nicht derjenige sei, durch den sie ihr Leben finden könnte.

»Ich wußte, sie stellte sich vor, ich wäre es und wünschte ihr alles Gute.«

Für Marilyn, die sich tatsächlich ein Lincoln-Foto besorgt, bestätigt sich, was sie gleich am Anfang empfunden hat: Eine wie sie kommt nicht für ihn in Frage, wie sollte sie. Er hatte nur ein kurzes Gastspiel gegeben in ihrer Welt und war wieder dorthin zurückgekehrt, wo es um moralische Integrität, Ernsthaftigkeit und das intellektuelle Vergnügen an der Arbeit geht. All das, wonach sie sich sehnt und was niemand jemals mit ihr in Verbindung gebracht hat – außer ihm.

Am 14. Januar 1954 heiraten zwei amerikanische Publikumslieblinge: Marilyn Monroe und der Baseballspieler Joe DiMaggio. Sie schenkt ihm ein Amulett mit einem eingravierten Satz aus »Der Kleine Prinz« von Saint-Exupéry: »Man sieht nur mit dem Herzen gut. Das Wesentliche ist für die Augen unsichtbar.« Noch im Herbst desselben Jahres wird die Ehe wieder geschieden.

Marilyn Monroe, Ende Zwanzig inzwischen, erkennt, daß sie sich in Hollywood nicht weiterentwickeln kann, daß man sie dort mit den immer gleichen Klischees behängt, und entschließt sich, nach New York zu gehen. Sie will Schauspielunterricht nehmen, eine Psychoanalyse machen und Produzentin werden. Sie will ernstgenommen und von den Ernsthaften gesehen werden. Für 30 Dollar im Monat besucht sie das berühmte Actors Studio von Lee Strasberg. Freunde nehmen sie mit auf eine Party. Zum Glück hat niemand erwähnt, das Arthur Miller dort sein würde. Sonst wäre sie vor lauter Angst vielleicht nicht hingegangen.

Jahre hat Miller damit verbracht, einen Damm aufzuschütten zwischen sich und seinen Gefühlen für diese Frau.

Der Gedanke, sie zu verdrängen, war unerträglich.

Und im Augenblick, als er sie sieht, wird ihm bewußt, wieviel Energie er trotz dieser Erkenntnis in die Verdrängung gesteckt hat, und daß alles vergeblich war.

»Als wirbelndes Licht« erscheint sie ihm, als »ein Paradox und ein verlockendes Geheimnis«. Er hat jetzt nicht mehr die Wahl.

Ich trieb in einem reißenden Strom dahin, für mich gab es kein Verweilen und keinen Halt...

Wenn er arbeitet, ist er

immer nur halb bei der Sache in der Hochstimmung, in die mich das Leben mit Marilyn versetzte, und gleichzeitig quälten mich Schuldgefühle. In meinem Kopf drehte sich alles, und ich war betrunken von der gleißenden, unerschöpflichen Schönheit des Lebens.

Wunderbarerweise versteht er sich darauf, ihr seine Gefühle zu vermitteln. Sie fühlt sich geborgen bei ihm – erkannt und dennoch geliebt. Ein unvorstellbares Glück. Sie wohnt im 27. Stockwerk des Waldorf Towers, und dort treffen sie sich. »Deine Augen ergreifen mich«, sagt er, und es kommt ihm vor, als sei sie die traurigste Frau, die er je gesehen hat.

Wir sahen uns an und warteten darauf, daß die Zukunft beginnt.

Sie drängt ihn nicht, seine Frau zu verlassen. Eine andere Rolle als die der Geliebten kann sie sich gar nicht vorstellen. Er aber will die radikale, die absolute Veränderung und trennt sich Knall auf Fall von Frau und Kindern. Sie wagt es jetzt, daran zu glauben, daß ihre Liebe dauern wird:

Ich will nicht mehr allein kämpfen. Ich will mit dir auf dem Land leben und eine gute Ehefrau sein.

Sie wünscht sich ein Kind. Er liebt sie,

als hätte ich sie mein ganzes Leben lang geliebt, ihr Schmerz war mein Schmerz...

Ausgerechnet vor dem »Komitee gegen unamerikanische Aktivitäten« in Washington, das ihn vorgeladen hat, und damit vor der Weltpresse verkündet Arthur Miller, daß er und Marilyn Monroe heiraten werden. Eine Nachricht für die Seite eins: Der linksintellektuelle Dramatiker und der Traum von Millionen Männern, der Pulitzerpreisträger und die Sexgöttin, reichen sich die Hand zur Ehe.

Als sie dann tatsächlich heiraten – am 29. Juni 1956 –, ist der Traum schon fast vorbei. »Hope, hope, hope« schreibt Marilyn auf ein Hochzeitsfoto, und er läßt ein beherztes »Now is forever« in die Eheringe eingravieren.

»Lieben bedeutet, jemanden zu sehen, wie Gott ihn gemeint hat«, sagt der russische Dichter Tolstoi. Marilyn trägt zu viele Verwundungen mit sich herum – ihre traumatische Kindheit, ihre Tablettensucht, ihre wuchernden Ängste –, der Blick darauf, wie Gott sie gemeint haben könnte, war auf immer verstellt.

Es setzt sich fort, was Miller »die kleinen Selbstmorde Nacht für Nacht« nennt: Marilyns Schlaftablettenkonsum ist beängstigend. Er fängt an, sie zu bemitleiden, und läßt sie das wissen. Schlimmer noch, sie verlieren die Achtung voneinander:

Wir hatten beide versagt, die Zauberformel zu finden, die das Leben des anderen hätte verändern sollen. Wir waren, wie wir früher gewesen waren – nur schlimmer.

Ein paar Jahre lang eine Krise nach der anderen: Die Scheidung ist am 11. November 1961. Marilyn arbeitet weiter, aber ihr 30. Film wird nicht mehr fertig. Sie ist 36 Jahre alt, als es am 5. August 1962 nach 40 Schlaftabletten kein Aufwachen mehr für sie gibt.

Arthur Miller heiratet im selben Jahr die österreichische Fotografin Inge Morath.

»Gib mir deine Hand auf die Stirn, damit ich Mut bekomme«

DORA DIAMANT UND FRANZ KAFKA

»So zarte Hände, und sie müssen so blutige Arbeit verrichten!« Dora erschrickt. Sie hat nicht damit gerechnet, daß der schmale junge Mann, den sie einige Male am Strand und in der Stadt gesehen hat, ihr bis in die Küche folgen würde. Eine ihrer Hände steckt in einer Schüssel mit Heringen, die andere hält ein Messer. Sie ist dabei, die Fische auszunehmen und zu putzen: das Abendessen für ein paar Dutzend Kinder im Ferienhaus des jüdischen Volksheims Berlin.

Der junge Mann lehnt am Türrahmen. Er lächelt, hält dabei den Kopf leicht geneigt, wie es typisch ist für ihn, und verschränkt die Arme vor der Brust. Er trägt einen dunkelgrauen Anzug, ein Hemd, eine Krawatte sogar – er sieht nicht nach Sommerfrische aus. In der letzten Woche schon ist er Dora am Strand aufgefallen: seine zarte Gestalt, die braunen Augen, die dunkle Haut. Seine freundliche, teilnahmsvolle Art, Menschen zu beobachten. Zusammen mit seiner Schwester und ihren Kindern macht Franz Kafka Urlaub im Ostseebad Müritz.

Er liebt es, den Kindern beim Spielen zuzusehen. »Die halben Tage und Nächte«, schreibt er, »ist das Haus, der Wald und der Strand voll Gesang. Wenn ich unter ihnen bin, bin ich nicht glücklich, aber vor der Schwelle des Glücks.«

Dora Diamant, 19 Jahre alt, stammt aus einer streng orthodoxen ostjüdischen Familie und ist während des Ersten Weltkriegs nach Breslau, dann nach Berlin gezogen. Über den Westen hat sie viel gehört: Wissen und Klarheit seien hier zu finden, ein Lebensstil außerdem, der fortschrittlich sei und angenehm. Später erst bemerkt sie – die sich selbst mit einer Figur vergleicht, die aus einem Dostojewski-Roman entsprungen sein könnte – die tiefe Ruhelosigkeit der Menschen, ihren Mangel an Orientierung, an geistiger Substanz.

Kafka dagegen, gebildet und gepflegt, jüdisch und westlich zugleich, beeindruckt sie tief: »Als ich ihn das erste Mal sah, erfüllte sein Bild sofort meine Vorstellung vom Menschen.«

Umgekehrt fühlt er sich von ihrer Freundlichkeit angezogen, ihrem Ernst und ihrer Natürlichkeit: Nichts, was Frauen für ihn einerseits begehrenswert und andererseits bedrohlich gemacht hatte, haftet ihr an. Er hat vom ersten Augenblick an völliges Vertrauen und ist zugleich begeistert von ihrem lebhaften Temperament. Als »wunderbares Wesen« erscheint sie ihm.

Am Abend nach der kurzen Begegnung in der Küche – das Fischgericht ist zubereitet – sitzen Kinder und Helfer zum Essen an langen Tischen. Franz Kafka setzt sich dazu, obwohl er Vegetarier ist. Ein kleiner Junge steht auf und wird im Hinausgehen so verlegen, daß er stolpert und hinfällt. Die anderen Kinder lachen. »Wie geschickt bist du gefallen«, sagt Kafka zu ihm, »und wie geschickt wieder aufgestanden!« Als wollte er damit ausdrücken, daß alles irgendwie zu retten sei, so jedenfalls kommt es Dora vor. Nur ihm selbst, schreibt sie, war nicht zu helfen:

Kafka war unrettbar.

Von nun an verbringen sie die freie Zeit, die Dora hat, gemeinsam am Strand. Sie laufen am Wasser entlang, Dora zieht die Sandalen aus und erlaubt den Wel-

len, ihre Knöchel zu umspülen. Er erzählt ihr von Prag, von seiner Arbeit als Schriftsteller und Angestellter einer Versicherungsgesellschaft und von seinen Eltern. Sie ihm von ihrer galizischen Heimat, der Reaktion ihrer Familie, als sie von zu Hause weggegangen ist, von ihrer Sorge, daß das Licht im Westen so hell nicht strahlt, wie es ihr im Osten erschienen ist.

Kafka, der mit dem Gedanken spielt, irgendwann einmal nach Palästina zu gehen, ist begeistert, daß Dora fließend Jiddisch und Hebräisch spricht. Er ist doppelt so alt wie sie und kommt ihr doch sehr jung vor, überlegen einerseits und andererseits beschützenswert wie ein Kind. Sie liebt es, seine zarten Hände gestikulieren und in die Luft Figuren malen zu sehen. Das geschieht sehr oft, denn Kafka ist ein hingebungsvoller Erzähler. »Seine Ausdrucksweise im Gespräch war ebenso bildhaft wie seine Dichtungen«, schreibt sie. Er sei immer heiter gewesen und zu Späßen aufgelegt. Mit den Händen Schattenbilder an der Wand zu entwerfen, ist ein Vergnügen für beide, aber er, berichtet sie, sei dabei der weitaus Geschicktere gewesen.

Es vergehen nur ein paar Tage, ehe sie über eine gemeinsame Zukunft sprechen. Es kommt ihr vollkommen natürlich vor und so, als sei in ihnen die Bereitschaft, einander zu begegnen, lange gewachsen. Kafka will weg aus Prag, wo er sich bedrückt und eingeengt vorkommt. Es ist ein langgehegter Traum, der Familie endlich zu entkommen.

Nach den drei Wochen am Meer kehrt er allerdings noch einmal nach Hause zurück. Sein Gesundheitszustand ist schlecht – Kafka leidet seit Jahren an Tuberkulose –, und fast droht seine Flucht wieder zu scheitern. Ende September schließlich – nach einer weiteren Auseinandersetzung mit den Eltern – fährt er

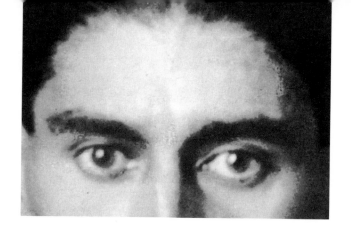

zu Dora nach Berlin. »Innerhalb meiner Verhältnisse«, schreibt er einem Freund, »ist das eine Tollkühnheit, für welche man etwas Vergleichbares nur finden kann, wenn man in der Geschichte zurückblättert, etwa zu dem Zug Napoleons nach Rußland …«

In Deutschland, speziell in der Hauptstadt, sind die Probleme groß. 1923, kurz vor Kafkas Ankunft, scheint die Inflation nicht mehr zu bremsen. Arbeiter fahren ihren Tageslohn auf Schubkarren nach Hause. Kafka lebt von einer kleinen Pension, die ihm die Versicherungsgesellschaft, für die er gearbeitet hat, gewährt, und muß erleben, daß sein Geld dahinschmilzt.

»Das Zimmer kostet nicht mehr 20 K, sondern für September etwa 70 K und für Oktober mindestens 180 K, die Preise klettern wie die Eichhörnchen bei euch …« schreibt er seiner Schwester Ottla. Die Eltern schicken Lebensmittelpakete nach Berlin.

Obwohl es ihnen wirtschaftlich schlecht geht und der Gesundheitszustand des Dichters bedenklich bleibt, leben Dora und Franz in Frieden miteinander, als schützte ihre Liebe sie davor, an den Umständen allzusehr zu leiden. Außerdem ist Kafkas Erleichterung, »den Gespenstern der Vergangenheit« entkommen zu sein, so groß, daß dagegen alles andere verblaßt. Und Dora, gewöhnt an ein hartes Leben, ist glücklich, mit dem Mann zusammensein zu dürfen, den sie liebt. Das Glück einer Frau, das hat man sie schon als Kind gelehrt, währt ohnehin nur Augenblicke und ist dem Schmerz abgerungen.

In Berlin-Steglitz, damals ein ländlicher Randbezirk der Großstadt, findet das Paar eine kleine möblierte Wohnung. Im Steglitzer Park geht Kafka gern spazieren. Manchmal gehen sie auch zu zweit, und wenn, dann immer Arm in Arm und mit einem Lächeln füreinander.

Eines Tages treffen sie ein kleines Mädchen, das verzweifelt weint, weil es seine Puppe verloren hat. Kafka beginnt ein Gespräch mit der Kleinen und erklärt ihr, die Puppe habe ihm geschrieben, sie sei gerade auf Reisen. Täglich müssen von nun an Botschaften der Puppe weitergeben werden, bis das kleine Mädchen nach und nach damit einverstanden ist, daß die Puppe eigene Wege geht. Lange überlegt der Dichter, welches Ende er seiner Geschichte geben soll. Dann entschließt er sich, die Puppe heiraten zu lassen, und beschreibt der Kleinen im Park die Verlobungs- und Hochzeitsvorbereitungen in allen Einzelheiten. »Du wirst selbst einsehen«, heißt es im letzten Brief, den die Puppe schreibt, »daß wir in Zukunft auf ein Wiedersehen verzichten müssen ...«

Dora ist von der liebenswürdigen Sorgfalt, die ihr Freund für die Kleine aufbringt, ganz verzaubert. »Franz hatte den Konflikt eines Kindes durch die Kunst gelöst, durch das wirksamste Mittel, über das er persönlich verfügt, um Ordnung in die Welt zu bringen.«

Fasziniert und besorgt beobachtet sie, was sie »den Spannungsgehalt der Tage« nennt. Sie unterscheidet purpurrote, dunkelgrüne oder blaue Tage. Damit sind die Stimmungen gemeint, die den Schreibphasen des Dichters vorausgehen.

Er mußte schreiben, weil ihm das Schreiben die Luft zum Leben war.

Jedesmal bevor er schreibt, kommt quälende Unruhe über ihn: »Gewöhnlich wanderte er schwerfällig und unlustig umher ... er sprach wenig, aß ohne Appetit, nahm an nichts Anteil und war sehr niedergeschlagen.«

Er schreibt nächtelang. Dora schläft oftmals darüber ein: »... auf einmal saß er neben mir, ich erwachte und blickte ihn an. In seinem Gesicht hatte sich

133

eine deutlich wahrnehmbare Veränderung vollzogen, die Spuren der geistigen Anspannung lagen so klar zutage, daß sein Gesicht dann völlig verwandelt war.«

Während Dora ihm auf Hebräisch aus der Bibel vorliest, liest er ihr vor, was er nachts schreibt: »Mitunter erschien es mir voller Humor, vermischt mit einer gewissen Selbstironie ...«

Auch aus Grimms und Andersens Märchen liest er ihr vor, E. T. A. Hoffmanns *Kater Murr*, oder Kleists *Die Marquise von O*. Der Vermieterin gefällt es gar nicht, daß da einer nächtelang schreibt und Strom verbraucht. Dora kauft dem Dichter eine Petroleumlampe.

Manchmal träumen sie davon, verheiratet zu sein. Sie würden ein Lokal eröffnen. In Berlin oder in Palästina. Dora würde kochen, Franz wäre der Kellner. Tatsächlich schreibt Dora ihrem Vater von diesen Plänen. Der befragt den Rabbi, und dieser lehnt den Bräutigam rundheraus ab. Als nicht praktizierender Jude sei Kafka kein Mann, der für Dora in Frage komme.

Um die Jahreswende 1923/24 – der Dichter und seine Geliebte sind inzwischen nach Berlin-Zehlendorf umgezogen – verschlechtert sich Kafkas Gesundheitszustand dramatisch: Schlaflosigkeit, hohe Temperatur, Atemnot. Ein letztes Mal reist er nach Prag, von wo aus er der Freundin fast täglich schreibt. Er kehrt nicht mehr nach Berlin zurück. Dora interpretiert den letzten Ausbruch der Krankheit als Befreiungsschlag:

Ich spürte es, daß er ihn geradezu mit Gewalt herbeigezwungen hat. Nun war ihm die Entscheidung aus der Hand genommen. Kafka begrüßte die Krankheit direkt, wenn er auch in den letzten Augenblicken seines Lebens gern weitergelebt hätte.

In einem Sanatorium im Wienerwald sehen sie sich wieder. Kafka kann nicht mehr schlucken und kaum noch sprechen. Die Tuberkulose hat auf den Kehl-

kopf übergegriffen. Die Ärzte ver-
hängen ein Schweigegebot. »Für alles
unfähig«, heißt Kafkas letzte Tage-
bucheintragung, »außer für Schmerzen.« Um sich mit Dora zu verständigen, schreibt er kleine Zettel:

*Wie viele Jahre wirst du es aushal-
ten? Wie lange werde ich es aushalten,
daß du es aushältst?*

Schon bald wissen die Ärzte nicht
mehr weiter und raten den beiden,
nach Wien zu gehen, zu Professor
Hajek, der sei Spezialist für Kehl-
kopferkrankungen. Der Transport ist
schwierig, denn der Dichter ist
schwach, 49 Kilo wiegt er noch, und
sehr schmerzempfindlich. Zudem
steht nur ein offener Wagen zur Ver-
fügung, und nachdem das Wetter
Anfang April strahlend schön war,
schlägt es wieder um, einige Tage
bevor Franz und Dora aufbrechen
wollen.

Trotzdem verschieben sie die Reise nicht, und Dora stellt sich während
der ganzen Fahrt vor den Kranken,

135

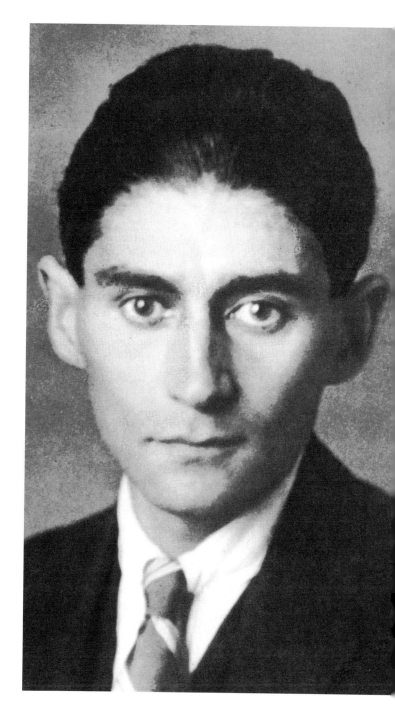

um ihn mit ihrem Körper einigermaßen gegen Wind und Regen abzuschirmen. »Bitte«, schreibt sie am 13. April an Kafkas Eltern, »wenn es irgendwie möglich ist, eine Daunensteppdecke, oder einfache Steppdecke und ein Polster zu schicken …«

Um überhaupt schlucken zu können, bekommt Kafka betäubende Alkoholinjektionen in den Hals. Allerdings sind die Injektionen ihrerseits schmerzhaft.

Gib mir einen Augenblick die Hand auf die Stirn, damit ich Mut bekomme.

Letzte Station auf dem Weg zum Tod ist das Sanatorium in Kierling, einem Vorort von Wien. Kafkas Freund Robert Klopstock unterbricht sein Medizinstudium, um ans Krankenbett zu eilen. Dora und er wechseln sich in der Betreuung des Patienten ab. Kafka hat ein sonniges Balkonzimmer, er schwärmt davon in einem Brief an die Eltern, als sei er Gast eines mondänen Hotels und ganz dem guten Leben zugetan. Von dem Plan, ihn zu besuchen, bringt er sie vorsichtig ab. Sein Befinden sei im Augenblick nicht ganz so günstig. Viel schreibt er nicht mehr. Dora übernimmt die Korrespondenz, Franz fügt nur manchmal einige Sätze hinzu.

Noch einmal ein Strahl von Hoffnung: Kafka fühlt sich etwas besser, weil es warm wird im Mai und er im Freien liegen kann. »Er liegt von Morgens um 7 bis Abends 7–8 auf dem Balkon«, berichtet Dora seinen Eltern, »bis Mittag um 2 ist die Sonne, dann geht sie weg zu anderen Patienten, und statt ihrer steigt allmählich aus den Tiefen ein wunderbarer berauschender Duft auf, der wie Balsam wirkt. Bis Abend steigert er sich zu einer unglaublichen fast nicht zu ertragenden Stärke … alle Sinne verwandeln sich zu Atem-Organen, und alle zusammen atmen in sich die Genesung, den Segen …«

Sie träumt von seiner Genesung, wie sie in Berlin davon geträumt haben, verheiratet zu sein und ein Restaurant aufzumachen. Stunden verbringt sie schweigend an seinem Bett, die Hände in den seinen, oder, weil er das so gern hat, eine Hand auf seiner Stirn.

»Wenn du stirbst, sterbe ich mit dir«,

sagt Dora, und er lächelt.

Mit seinem Freund Klopstock hat Kafka ausgemacht, daß er ihm ausreichend Morphium gibt, wenn die Schmerzen unerträglich werden, und er Dora wegschickt, wenn es zu Ende geht. Er will nicht, daß sie seinen Todeskampf miterleben muß.

Noch am Tag vor seinem Tod – zu essen und zu trinken ist ihm so gut wie unmöglich geworden – korrigiert Kafka den ersten Umbruchbogen seiner Erzählung *Der Hungerkünstler*, die drei Monate später erscheint.

Am 3. Juni um vier Uhr morgens bemerkt Dora, daß Kafka ungewöhnlich schwer atmet. Sie ruft Robert Klopstock, der weckt den Arzt. Unverzüglich werden dem Sterbenden Eisbeutel auf den Hals gelegt. Bis zum Mittag dauert es noch – Kafka verliert zeitweise das Bewußtsein –, ehe sich Klopstock seines Versprechens erinnert. Er schickt Dora mit einem Brief zur Post.

Die Krankenschwester, die Kafka gepflegt hat, seit er in Kierling angekommen ist, erinnert sich, daß er keine Euphoriegefühle gehabt habe, wie sie sonst bei Tbc-Kranken auftreten. Seine Augen suchen Dora. Er wird unruhig. Die Pflegerin schickt ein Stubenmädchen ins Dorf, um Dora zu holen. Die kommt atemlos zurück mit Blumen in der Hand. Sie beugt sich über sein Bett. »Franz, sieh mal, die schönen Blumen, riech doch mal!«

Schwester Anna kann es kaum fassen: »Da richtete sich der Sterbende, der schon entrückt schien, noch einmal auf, und er roch an den Blumen. Es war unfaßbar. Und noch unfaßbarer war es, daß sich das linke Auge wieder öffnete und lebendig wirkte. Er hatte so wunderbar strahlende Augen, und sein Lächeln war so vielsagend, und Hände und Augen waren beredt, als er nicht mehr sprechen konnte.«

Dora trauert leidenschaftlich und mit der gleichen Hingabe, die sie dem Lebenden gewidmet hat. Bei der Beerdigung in Prag wirft sie sich auf das Grab. »Mein Lieber, mein Lieber, du mein Guter.«

»Wer Dora kennt«, schreibt Robert Klopstock an Kafkas Freund Max Brod, »nur der kann wissen, was Liebe ist.«

»Die berühmteste Sängerin und der Odysseus der modernen Welt«

MARIA CALLAS UND ARISTOTELES ONASSIS

Battista Meneghini hat schlechte Laune, seit Tagen schon. Zu hoher Wellengang für seinen Geschmack, zu lange und ausgiebige Diners, zu wenig Rückzugsmöglichkeiten. Für einen Mann in seinen Jahren eine einzige Strapaze. Außerdem fühlt er sich isoliert: Man spricht Englisch oder Griechisch an Bord. Seine eigene Frau scheint sich kaum zu erinnern, daß sie je des Italienischen mächtig war. Manchmal wirft sie ihm einen Halbsatz zu – wie man einem alten Klepper das Gnadenbrot hinwirft –, um dann gleich wieder Griechisch zu sprechen. Oder Englisch. Nicht wirklich schroff behandelt sie ihn. Eher mit der Nachsicht, die man Kindern oder Greisen entgegenbringt.

Besonders schlimm sind die Nächte. Viel zu spät wird zu Abend gegessen, viel zu oft wird getanzt, viel zu lange geplaudert, gelacht, getrunken und schamlos geflirtet. Dazu dieser märchenhafte Sternenhimmel, wie inszeniert. Zum Greifen nah erscheint die Milchstraße. Hier auf See ist der sommerliche Nachthimmel keine schwarze Platte mit hellen Löchern wie in der Stadt. Hier erscheint er wie ein lebendiger Organismus. Es pulsiert, es blinkt, es atmet. Dazu die samtene Luft. Das Herz könnte einem zerspringen.

139

Wenn Maria spürt, daß sein Blick auf ihr ruht, versteift sich ihr Körper noch ein bißchen stärker, und sie wirft den Kopf zurück, als wollte sie mit dieser trotzigen Bewegung unterstreichen, daß ihre Entscheidung richtig war. Denn natürlich war sie es, die unbedingt die Einladung des kulturlosen griechischen Satyrs zu einer Mittelmeerkreuzfahrt auf seiner Yacht »Christina« annehmen wollte. Ein Ort monströser Geschmacklosigkeit, dieses Schiff, findet Battista. Goldene Wasserhähne. Barhocker überzogen mit der Vorhaut von Walen. Ein Pool, der zur Tanzfläche wird, wenn man das Wasser abläßt. Obszön das alles.

Gestern kam dann die Gattin des Gastgebers auf ihn zugestürzt. Tina Onassis hatte rote Flecken im Gesicht, und sie redete derartig heftig auf ihn ein, daß er am Anfang überhaupt nichts verstand. Viele Male mußte sie es wiederholen und mußte drastische Gesten machen, ehe er begriff: Maria und Ari, ihr Mann und seine Frau, auf dem Teppich im hinteren Salon. Nackt. Kein Zweifel möglich.

Meneghini wischt sich die Stirn mit blütenweißem Taschentuch. Er hatte den Kopf geschüttelt. Er war wie betäubt gewesen. Nein, er hatte nicht wissen wollen, was sich diese Griechin da in einem Wirrwarr englischer, italienischer, französischer und offenbar griechischer Silben zurechtstammelte. Alles in ihm sträubte sich dagegen. Amore, hatte sie immer wieder gesagt, amore, und dann die beiden Namen. Maria, Ari.

Etwas nicht zu wissen ist so, als sei es nicht gewesen, sagt sich Meneghini. Wenn es um Moral geht, hat das Ereignis selbst keine Bedeutung. Nur das Wissen darum. Battista Meneghini schwitzt. Er wünscht, er hätte sich niemals auf diese Reise eingelassen. Seine Rolle war von Anfang an mehr als lächerlich. Soll er jetzt auch noch den Idioten spielen, der weiß, daß seine Frau ihn fünfzehn Schritte weit entfernt von dem Stuhl, auf dem er sitzt, mit dem Satyr betrügt?

Er schaut über das Meer, das heute erfreulicherweise seidig-flach ist, und denkt an die Zeit, als er Maria Callas kennenlernte. 1947 in Verona, zwölf Jahre ist das her. So fett war sie damals, daß die Leute spotteten, man könne in »Aida« ihre Beine von denen der Elefanten kaum unterscheiden. Alles, was sie heute ist, hat er aus ihr gemacht.

Auch Maria Callas denkt an genau jenen Juni-Abend in einem Restaurant in der Nähe der Arena, als sie ihn jetzt auf Deck sitzen sieht, ihren Battista. Im Schatten zwar, dennoch schwitzend wie in einem Dampfbad. So kennt sie ihn. Er schwitzt beim Essen, beim Sprechen, er schwitzt sogar im Schlaf.

Er tut ihr leid, wie er so dasitzt und blinzelt, und ihr Mitleid hat durchaus zärtliche Züge. Sie ist in einer Stimmung, die keinen Groll zuläßt, gegen niemanden, nicht einmal eine Verstimmung. Maria Callas ist glücklich. Sie ist verliebt. Leidenschaftlich verliebt, mit 35 Jahren zum ersten Mal. Sie ist überzeugt, daß sie nicht die Wahl gehabt hatte, auf Aris Werben einzugehen oder ihrem Mann treu zu sein. Wenn Ari sie küßt, dann gibt es nur eine Wahrheit.

Ihre Fähigkeit zu Liebe und Leidenschaft hat in Aristoteles Onassis ein würdiges Ziel gefunden. Er ist ein Mann, der ihr entspricht, ein Vulkan der Sinnlichkeit, ein Erfolgsmensch und einer, der es ganz und gar aus sich selbst heraus geschafft hat. Zwar ist er nicht sehr viel jünger als Battista und 23 Jahre älter als sie, aber Battista und ihn trennen Welten.

Hätte ihr Mann je eine Lira ausgegeben, um ihr nach einem Auftritt einen Empfang zu bereiten, wie Ari es getan hat? 5000 Gäste waren geladen. Den Ballsaal des Hotels Dorchester hatte er dekorieren lassen wie für ein Hochzeitsfest, weiße und rosafarbene Rosen, wohin man sah. Maria hatte zuvor im Londoner Covent Garden die *Medea* gesungen.

Zwar war er kein Freund musikalischer Langatmigkeit, wie eine Oper sie für ihn darstellte, aber er fand einen genialen Ausweg: Er kam erst zum Schlußapplaus und ging dann direkt zur Premierenfeier. Maria war in Champagnerlaune, entspannter, gelassener als sonst. Die Rolle als attraktive, begehrte, umworbene und verwöhnte Frau gefiel ihr. Es war der Beginn ihrer Liebe zu Onassis, dem griechischen Landsmann, der triumphale Auftakt. Und es war mehr als ein heftiger Flirt. Zum ersten Mal konnte sie sich vorstellen, daß das Leben auch fern der Bühne schön und erfüllt sein könnte: an seiner Seite.

Was machte es schon aus, daß sie ihn beim ersten Zusammentreffen, 1957 auf einem Ball in Venedig, nur als Kuriosität wahrgenommen hatte. So sah er also aus, der Reichste der Reichen: gnomartig neben ihr, mit fleischiger Nase und einem Lachen, das immer zu laut war. Die Premierenfeier in London war auch für Onassis der Beginn einer Leidenschaft. Nie im Leben, erzählte er seinen Freunden, werde er den Geruch ihres warmen Pelzes bei der ersten Umarmung vergessen.

Die »Christina« steuert indes einem neuen Höhepunkt der Reise entgegen. Man geht vor dem Berg Athos vor Anker. Der Patriarch Athenagoras besucht die Yacht. Maria und Ari knien auf den Planken vor ihm nieder. Er segnet »die berühmteste Sängerin der Welt und den berühmtesten Seemann der modernen Welt, einen modernen Odysseus«. Alle Anwesenden fühlen sich als Zeugen eines Trauungszeremoniells.

Dann schickt Onassis alle Nichtgriechen von Bord, um mit dem Patriarchen und Maria allein zu speisen. Battista weiß nicht genau warum,

143

aber ausgerechnet jetzt, wo er festen Boden unter den Füßen hat – was ihm sehr angenehm ist –, muß er daran denken, wieviel Sorgfalt Maria vor diesem Urlaub darauf verwandt hat, daheim in Mailand Dessous und Badeanzüge einzukaufen.

Von nun an kommt sie immer erst in den frühen Morgenstunden in die gemeinsame Schlafkabine. Auf Fragen reagiert sie gar nicht, oder sie explodiert. Er könne sie nicht einsperren, sie sei inzwischen erwachsen geworden, schreit sie. Gegen Ende der Kreuzfahrt hat das Ehepaar Callas-Meneghini einander nichts mehr zu sagen. Es gibt noch einen Besuch des gemeinsamen Hauses in Sirmione am Gardasee, wo Battista Meneghini erleben muß, daß der Geliebte seiner Frau unerwartet auftaucht, um sie nach Mailand mitzunehmen.

Anfang September – sie sind Arm in Arm gesehen worden – stürzt sich die Presse auf das berühmte Liebespaar. Überhaupt interessieren sich immer mehr Klatschkolumnisten für Maria und immer weniger Musikkritiker. Die Kehrseite ihrer Weltkarriere, schreibt Jürgen Kesting in seiner Callas-Biographie, habe sich gezeigt, als die Sängerin ein anderes Ideal von Weiblichkeit habe verkörpern wollen als das der begnadeten und disziplinierten Künstlerin: »Als sie sich anzupassen begann, zuerst an die modischen Imagines der schönen Frau, danach an die der begehrten Geliebten, stürzte sie ins Unglück.«

Obwohl er seine Frau anfleht, ihn nicht zu verlassen – wovon Maria nichts ahnt –, reicht Tina Onassis die Scheidung ein. Auch die Ehe Callas-Meneghini wird geschieden. Es wäre an der Zeit für eine neuerliche Kreuzfahrt zu zweit, mit Heiratsantrag und anschließendem Gang zum Standesamt. Aber Onassis, dem das Vergnügen, eine Frau zu demütigen, seit Jugendzeiten zu eigen ist, hält sich zurück. Maria ist viel zu verliebt, um daraus die richtigen Schlüsse zu ziehen. Sie fühlt sich begehrt – was ihr eigenes Begehren immer noch steigert –, und sie versteht sich ohnehin inzwischen als seine Frau.

Zunächst kommt es ihr auch selbstverständlich vor, daß sie sich, was ihr Äußeres betrifft, seinem Geschmack anpaßt. Er will sie in schwarzen Kleidern sehen und mit einer modischen Frisur. Star-Coiffeur Alexandre in Paris – es geht ihm mächtig contre coeur – schneidet ihr die nachtschwarzen langen Haare ab.

Nach und nach erst erkennt sie, wie vergeblich die Hoffnung war, die sie an Onassis geknüpft hatte. Entsprechend tief ist ihr Fall. Ihre Stimme ist nicht mehr, was sie war, und die Erwartung, mit Ari eine Familie zu haben, ein privates Glück genießen zu dürfen, schwindet. Immer mehr macht er sie zu seinem Anhängsel, zu etwas, das in seinem Schlepptau hängt, er fährt ihr in aller Öffentlichkeit über den Mund, er hat immer etwas auszusetzen, daß sie zum Lesen eine Brille trägt zum Beispiel.

Wenn er getrunken hat, schnauzt er sie an: »Was bist du schon? Ein Nichts. Du hast nur noch eine Pfeife im Hals, die nicht mehr funktioniert…« Seine Freunde schämen sich für Auftritte dieser Art, und ihr Londoner Agent wundert sich, warum sie dem betrunkenen Berserker nicht eine Flasche über den Schädel zieht, sondern statt dessen nur stumm den Raum verläßt.

Es werde Zeit, sagt sie in einem Interview, ihre Freude wieder in der Musik zu finden. »Wenn ich nicht meine Arbeit habe, was soll ich dann tun von morgens bis abends? Ich habe keine Kinder, keine Familie. Was soll ich tun, wenn ich meine Karriere nicht mehr habe? Ich kann nicht einfach herumsitzen und schwatzen oder Kartenspielen, ich bin nicht dieser Typ Frau.«

1963 findet Onassis ein neues Prestigeobjekt. Er bricht mit Jackie Kennedy und ihrer Schwester in die Karibik auf. Daß er sich danach wieder für Maria interessiert, hat mit ihrem spektakulären *Norma*-Auftritt in Paris zu tun. Mitten im hohen C bricht sie ab. Das ganze Theater hält den Atem an. Das Orchester hört zu spielen auf. Sie setzt von neuem ein, sie hält den Ton bravurös. Im Parkett brechen Tumulte aus, es kommt zu einem Handgemenge unter den Zuschauern. Sie wird ausgebuht und umjubelt zugleich. Maria Callas ist wieder in den Schlagzeilen und Ari an ihrer Seite.

Sie hat nicht die Kraft, ihn abzuweisen, sie hungert nach Zuwendung, nach jedem Wort, jeder Geste von ihm, und sie glaubt immer noch, er bleibt für immer bei ihr. Der gemeinsame Sommer auf Skorpios läßt sie alle bösen Erfahrungen vergessen, die sie mit ihm gemacht hat, obwohl er sie noch immer und immer wieder beleidigt und bloßstellt, wenn ihm danach ist.

Ari pendelt bis zu seinem Tod zwischen ihr und Jaqueline Kennedy. Als Maria 1966 schwanger wird, drängt er sie zur Abtreibung: Wenn sie sich weigere, würde er sie endgültig verlassen. Aus der Zeitung erfährt Maria wenig später, daß Onassis und Jackie geheiratet haben – auf der Insel der Liebe, auf Skorpios. Fotos aus dieser Zeit zeigen ihr lächelndes Gesicht und zugleich den Abgrund von Verzweiflung, der sich dahinter verbirgt.

Als sein Sohn Alexander tödlich verunglückt – Onassis ist 73 Jahre alt –, geht ein gewaltiger Ruck durch sein Leben. Nichts ist mehr wie vorher. 1975 kann er sich von einer Gallenoperation nicht mehr erholen. Maria Callas besucht ihn heimlich im Krankenhaus. Bei der Beerdigung ist sie nicht dabei, auch nicht bei seinem Tod. Aber sie ist es, die um ihn trauert. Um ihn und um ihre Liebe. Die letzten Jahre ihres Lebens verbringt sie zurückgezogen und in Einsamkeit.

Auch ihr letzter Wunsch blieb unerfüllt: Sie wollte, daß man die Urne mit ihrer Asche vor Skorpios ins Meer versenkt. Vor Skorpios, wo Ari bestattet ist.

»*Du glaubst nicht, wie ich dieses Geschöpf liebe*«

KATIA PRINGSHEIM UND THOMAS MANN

Wissen Sie, warum wir so gut zueinander passen? Weil Sie weder zum Bürger- noch zum Junkertum gehören; weil Sie, auf Ihre Art, etwas Außerordentliches, – weil Sie, wie ich das Wort verstehe, eine Prinzessin sind. Und ich, der ich immer – jetzt dürfen Sie lachen, aber Sie müssen mich verstehen! – der ich immer eine Art Prinz in mir gesehen habe, ich habe, ganz gewiß, in Ihnen meine vorbestimmte Braut und Gefährtin gefunden.

Die Prinzessin nimmt die Huldigung zur Kenntnis – aber sie reagiert nicht so, wie der Prinz es erwartet. Seit Monaten bestürmt er sie mit Briefen und findet die innigsten Worte für seine Liebe.

Zuweilen, es muß ganz still und ganz dunkel sein, sehe ich Sie in einer Klarheit und visionär-detaillierten Lebendigkeit vor mir, wie kein noch so vortreffliches Bild sie haben könnte: ganz erschrocken bin ich vor Freude.

Die Mathematikstudentin Katia Pringsheim, 20 Jahre alt, ist noch immer »nicht so sehr enthusiasmiert«, wie sie sich später erinnert, sie fühlt sich im Elternhaus »wohl und lustig« und sieht überhaupt keinen Grund für eine Heirat. Doch der Verehrer läßt nicht locker. Er hat gerade einen 1000-Seiten-Roman voll-

147

endet, er weiß, was es heißt, durchzuhalten, er hat Disziplin und Selbstbewußtsein.

»Es ist eine neue und erregende Zeit für mich«, schreibt Thomas Mann seinem Bruder Heinrich im Februar 1904 aus München, und es macht ihm Spaß,  ein bißchen anzugeben, »›Buddenbrooks‹ haben das 18te Tausend. Ich muß mich erst in die Rolle als berühmter Mann einleben; es erhitzt doch sehr«. Er sei jetzt »gesellschaftlich eingeführt«, fährt er fort, und kommt dann ganz schnell auf den Kern: die Familie Pringsheim, schreibt Thomas, sei ein Erlebnis, das ihn ausfülle: »Der Vater Universitätsprofessor mit goldener Cigarettendose, die Mutter eine Lenbach-Schönheit, der jüngste Sohn Musiker, seine Zwillingsschwester Katja ein Wunder, etwas unbeschreiblich Seltenes und Kostbares, ein Geschöpf, das durch sein bloßes Dasein die kulturelle Tätigkeit von 15 Schriftstellern und 30 Malern aufwiegt…«

Eine Verbindung mit dieser Frau und ihrer wohlhabenden Familie, das erscheint dem ehrgeizigen jungen

Dichter aus Lübeck als Ziel allen Strebens. Er plant »die große Lebensangelegenheit«, wie er sein Werben um die Pringsheim-Prinzessin nennt, in wohlkalkulierten Schritten. »Einer brillanten Belagerung wurde schließlich der heiß ersehnte und exakt berechnete Erfolg zuteil«, schreibt der Thomas-Mann-Biograph Klaus Harpprecht. So zielstrebig und klar handelt nur, wer mit kühlem Kopf ans Werk geht, und so verliebt sich Thomas Mann in Katia, weil er es sich fest vornimmt. Der Autor der *Buddenbrooks* beendet in der Hinwendung zu einer schönen jungen Frau die amourösen Abenteuer seiner Jugend. Seine homoerotischen Leidenschaften – »die Hunde im Souterrain« –, wie er schreibt, hatten ihm genug Verwirrungen gebracht, und er war von Skrupeln geplagt. Als Held der Strenge und Askese verordnet er sich eine bürgerliche Ehe als angemessene »Verfassung«, wie er dem Bruder schreibt.

Was nicht bedeutet, daß ihn Katia nicht entzückt: ihre schlanke, fast kindliche Figur, die schwarzen Augen, die frische Wesensart, der flinke Strom ihrer Rede und als brillante Zugabe: ihre großbürgerliche Herkunft. Sie gehört zu den besten Partien Münchens. Thomas Mann ist Ende 20, da richtet er im Konzert sein Opernglas auf sie, und als er Zeuge einer temperamentvollen Auseinandersetzung wird, die Katia mit einem Trambahnschaffner hat, ist er endgültig überzeugt, daß diese Frau seine Frau werden muß.

Aber wie es anstellen? Wie sie näher kennenlernen und nur ja keinen Fehler machen? Sie ist so gut wie nie allein, auf dem Weg zur Universität sind die Brüder um sie herum, in der Oper sitzt sie zwischen Mama und Papa. Da kommt es dem jungen Literaten zugute, daß die Damen der Gesellschaft ihm wohlgesonnen sind. Elsa Bernstein zum Beispiel, Frau des Justizrats Bernstein, ein sehr bekannter Anwalt in München. Keine Gelegenheit läßt sie aus, mit dem Dichter über Literarisches zu debattieren, vorzugsweise natürlich unterhalten sie sich

149

über seinen berühmten Roman, die *Buddenbrooks*, der in Lübeck, wie man hört – sagt sie und hebt die Augenbrauen –, für einige Unruhe sorge. Thomas antwortet ihr, wie es seiner Gewohnheit entspricht, ausgesprochen höflich und weiß auch zu betonen, wie gern er mit ihr plaudert. Gerade mit ihr. Beiläufig kommt er dann darauf zu sprechen, daß sie und ihr Mann doch mit den Pringsheims wohlbekannt seien und ob es nicht möglich wäre, die Tochter des Hauses, Katia, einmal zu einer Gesellschaft einzuladen und ihn, den Dichter, dazu? Frau Bernstein ist entzückt, ihm ein solches Arrangement versprechen zu können, sie zwinkert ihm vertraulich zu und versichert ihm, daß sich ja schon längst Entsprechendes hätte einrichten lassen, aber sie hätte ja keine Ahnung gehabt…

Während eines Abendessens sitzen sie dann nebeneinander, und weil es zu Elsa Bernsteins Leidenschaften gehört, Einsame zu Liebenden zu machen und Liebende einander zuzuführen, lädt sie Katia und den hanseatischen Literaten öfter gemeinsam ein. »Du glaubst nicht«, schreibt Thomas einem Freund in dieser Zeit, »wie ich dieses Geschöpf liebe. Ich träume jede Nacht von ihr und erwache mit einem völlig wunden Herzen.«

Jedenfalls ist das Eis gebrochen, der Dialog eröffnet, und Thomas stellt sich nun auch in der Villa Pringsheim in der Acisstraße vor. Katias Mutter, die ihn sehr schätzt, übernimmt die Rolle von Elsa Bernstein. Natürlich bemerkt sie sofort und noch ohne mit der Tochter gesprochen zu haben, was der junge Mann im Sinn hat.

Es ist Thomas Manns 29. Geburtstag, als Katia »ihr süßes, süßes Köpfchen« flüchtig an seine Wange lehnt. Damit ist er seinem Ziel ganz nah. Aber noch steht seinem Begehr außer dem Zögern der Begehrten die Skepsis ihres Vaters entgegen, der »den magenkranken Rittmeister«, wie der blasse, akkurat gescheitelte Dichter im Hause Pringsheim genannt wird, nicht so recht ernst nehmen kann.

Zweierlei verbindet sie immerhin: die Liebe zu Katia und die Liebe zu Richard Wagner.

Im Sommer dann eine Trennung für länger: Mit ihrem Zwillingsbruder ist Katia an die Ostsee gereist. »Für seine Verhältnisse«, steht in Katias Lebens-erinnerungen, »waren die Briefe, die er mir schrieb, sehr leidenschaft-lich.« Das macht ihr Eindruck: »Er konnte ja schreiben...« Als sie im September nach München zurück-kommt, mag sie sich seinem »drin-genden Wunsch«, sie zu heiraten, nicht länger widersetzen. Auch der Vater zeigt sich jetzt milde.

Am 3. Oktober 1904 wird Verlo-bung gefeiert, am 11. Februar 1905 die Hochzeit. Ein glanzvolles Fest im Hause Pringsheim. Ganz München gratuliert dem jungen Paar. Hedwig Pringsheim erstrahlt in majestäti-scher Schönheit, ihr Mann macht sei-ne bissigen Bemerkungen nur leise und hält eine launige Rede, Thomas sitzt kerzengerade wie gewohnt und plaudert geschmeidig wie nie – nur Katia ist ungewöhnlich still. Ihre dunk-len Augen sind weit geöffnet, der

151

Myrtenkranz im Haar läßt sie mädchenhaft und blaß erscheinen, die Hände verraten ihre innere Unruhe. Ist es die Melancholie darüber, daß sie das Elternhaus verlassen muß, ohne recht zu wissen, was sie an der Seite des Dichters erwartet?

Klaus Mann, der älteste Sohn, versetzt sich in seinen Erinnerungen in die Rolle seiner Mutter und denkt darüber nach, was sie gedacht haben mag an ihrem Hochzeitstag und worin die Verbindung seiner Eltern bestand: »Was war es, was sie mit diesem disziplinierten Träumer ... verband? Gehörten sie zueinander, weil sie beide ›anders‹ waren – beide distanziert vom Wirklichen, beide problematisch, verwundbar und zur Ironie geneigt? ... Ihre Ehe war nicht die Begegnung zweier polarer Elemente; eher handelte es sich wohl um die Vereinigung von zwei Wesen, die sich miteinander verwandt wußten – um ein Bündnis zwischen zwei Einsamen und Empfindlichen, die gemeinsam einen Kampf zu bestehen hofften, dem jeder für sich vielleicht nicht gewachsen wäre ...«

Der Frischverheiratete schreibt seinem Bruder: »... oft läuft das ganze ›Glück‹ auf ein Zähnezusammenbeißen hinaus ...« Der junge Ehemann äußert sich ganz so, als sei es ihm mehr um die Eroberung, als um die Eroberte selbst gegangen. Schon in der Verlobungszeit hat Thomas, wie er wiederum an Heinrich schreibt, »erotinfreie« Zeiten herbeigewünscht. Die Hochzeitsreise nach Zürich und Luzern dauert jedenfalls nicht länger als 14 Tage.

Einem Besucher gegenüber gesteht Katia später, daß sie nur geheiratet habe, weil sie Kinder wollte. Dieser Wunsch erfüllt sich: Pünktlich neun Monate nach der Hochzeit kommt Erika auf die Welt. Fünf Geschwister werden folgen.

Respekt füreinander bringen Thomas und Katia lebenslang auf, und daß es an Leidenschaft fehlt, steht der Stabilität der Ehe nicht im Weg. Thomas Mann, der noch die intimsten Regungen seinem Tagebuch anvertraut, schreibt über das Verhältnis zu seiner Frau:

»Dankbar gegen K., weil es sie in ihrer Liebe nicht im Geringsten beirrt, wenn sie mir schließlich keine Lust einflößt und wenn das Liegen bei ihr mich nicht in den Stand setzt, ihr die letzte Geschlechtslust zu bereiten. Die Ruhe, Liebe und Gleichgültigkeit, mit der sie das aufnimmt, ist bewunderswürdig.«

Als die Kinder sie nicht mehr so stark in Anspruch nehmen, kümmert sich Katia mit der ihr eigenen Verve um die geschäftliche Korrespondenz ihres Man-

nes, selbstverständlich organisiert sie den Alltag und später die Emigration nach Amerika. »Ich habe in meinem Leben nie tun können, was ich hätte tun wollen«, sagt sie in ihren »Ungeschriebenen Memoiren«, und eigentlich findet sie das nicht weiter bemerkenswert.

In ein Exemplar der *Betrachtungen eines Unpolitischen*, das er seiner Frau schenkt, schreibt Thomas Mann 1918:

Wir haben es zusammen getragen, liebes Herz, und wer weiß, wer schwerer daran zu tragen hatte, denn zuletzt hat der immer Tätige es leichter als der nur Duldende.

Und in einer Rede zu ihrem 70. Geburtstag formuliert er seinen Dank, wie nur er zu formulieren versteht:

»Wenn irgendein Nachleben mir, der Essenz meines Seins, meinem Werk beschieden ist, so wird sie mit mir leben, mir zur Seite. Solange Menschen meiner gedenken, wird ihrer gedacht sein. Die Nachwelt, hat sie ein gutes Wort für mich, ihr zugleich wird es gelten, zum Lohn ihrer Lebendigkeit, ihrer aktiven Treue, unendlichen Geduld und Tapferkeit.«

Anhang

Bibliographie

LOTTE LENYA UND KURT WEILL
Donald Spoto, Die Seeräuber-Jenny, München 1990

KATHARINA VON BORA UND MARTIN LUTHER
Egon Friedell, Kulturgeschichte der Neuzeit, 9. Aufl. München 1991
Eva Zeller, Die Lutherin, Stuttgart 1996

NORA BARNACLE UND JAMES JOYCE
Brenda Maddox, Nora, Köln 1990

NURIA SCHOENBERG UND LUIGI NONO
Jürg Stenzl, Luigi Nono, Reinbek bei Hamburg 1998

OSCAR WILDE UND ALFRED DOUGLAS
Richard Ellmann, Oscar Wilde, München 1991
Merlin Holland, Das Oscar Wilde-Album, München 1998

CLARA WIECK UND ROBERT SCHUMANN
Peter Härtling, Schumanns Schatten, Köln 1996
Eva Weissweiler, Clara Schumann, Hamburg 1990

COSIMA VON BÜLOW UND RICHARD WAGNER
Françoise Giroud, Cosima Wagner – mit Macht und mit Liebe, München 1998
Hans Mayer, Richard Wagner, Stuttgart 1978

ELSIE ALTMANN UND ADOLF LOOS
Elsie Altmann-Loos, Mein Leben mit Adolf Loos, München 1984

GERTRUDE STEIN UND ALICE B. TOKLAS
Renate Stendhal, Gertrude Stein – Ein Leben in Bildern und Texten, Zürich 1989

CHRISTIANE VULPUIS UND JOHANN WOLFGANG GOETHE
Sigrid Damm, Christiane und Goethe, Frankfurt am Main 1998

ELSE LASKER-SCHÜLER UND GOTTFRIED BENN
Helma Sanders-Brahms, Gottfried Benn und Else Lasker-Schüler – Giselheer
und Prinz Jussuf, Berlin 1997

SUSETTE GONTARD UND FRIEDRICH HÖLDERLIN
Ulrich Häussermann, Friedrich Hölderlin, Reinbek bei Hamburg 1993
Rudolf Treichler, Hölderlin – Leben und Dichtung, Krankheit und Schicksal,
Stuttgart 1987

ALMA SCHINDLER UND GUSTAV MAHLER
Alma Mahler, Erinnerungen an Gustav Mahler, Frankfurt am Main 1971

MARILYN MONROE UND ARTHUR MILLER
Christa Maerker, Marilyn Monroe und Arthur Miller – eine Nahaufnahme, Berlin 1997

DORA DIAMANT UND FRANZ KAFKA
Nahum N. Glatzer, Frauen in Kafkas Leben, München 1978
Hans-Gerd Koch (Hg.), Als Kafka mir entgegenkam – Erinnerungen an Franz Kafka,
Berlin 1995

MARIA CALLAS UND ARISTOTELES ONASSIS
Jürgen Kesting, Maria Callas, Düsseldorf 1990

KATIA PRINGSHEIM UND THOMAS MANN
Klaus Harpprecht, Thomas Mann, Reinbek bei Hamburg 1995
Klaus Schröter, Thomas Mann, Reinbek bei Hamburg 1964

Bildnachweis